atlas básico de matemáticas

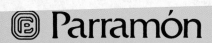

Parramón

Proyecto y realización
Parramón Ediciones, S.A.

Dirección editorial
Lluís Borràs

Ayudante de edición
Cristina Vilella

Textos
Mª del Rosario Villagrá, Licenciada en Matemáticas
Ana Villagrá, Licenciada en Químicas

Diseño gráfico y maquetación
Estudi Toni Inglés (Alba Marco)

Fotografías
Archivo Parramón, Boreal, Àlex Culla, Cablepress, Manel Clemente, Prisma

Ilustraciones
Studio Càmara, Farrés Il·lustració, Josep Torres

Dirección de producción
Rafael Marfil

Producción
Manel Sánchez

Cuarta edición: septiembre 2004

Atlas básico de matemáticas
ISBN: 84-342-2491-7

Depósito Legal: B-40.308-2004

Impreso en España
© Parramón Ediciones, S.A. – 2003
Ronda de Sant Pere, 5, 4ª planta
08010 Barcelona (España)
Empresa del Grupo Editorial Norma

www.parramon.com

PRESENTACIÓN

Este Atlas de matemáticas ofrece a los lectores una magnífica oportunidad de acceder a los aspectos fundamentales de las matemáticas y de comprender su lógica, muchas veces misteriosa y sorprendente, pero siempre fascinante. Para facilitar al máximo la comprensión, hemos realizado una obra predominantemente gráfica, partiendo de problemas extraídos de la vida cotidiana y empleando un lenguaje sencillo y claro.

Se ha pretendido dar una visión suficientemente amplia de las diferentes partes en las que se divide la actividad matemática: de la aritmética al álgebra pasando por el análisis, la geometría o la estadística e incluyendo aspectos que tienen una historia muy reciente como la geometría fractal, la lógica borrosa o la teoría del caos.

Al emprender la edición de este Atlas de matemáticas nos propusimos realizar una obra práctica, didáctica y accesible, rigurosa y, a la par, amena y clara, útil tanto para el escolar que esté realizando actualmente el aprendizaje de las matemáticas, como para el que en su día encontrase dificultades para comprenderlas y hoy necesite acercarse de nuevo a ellas. No en vano ya casi nadie pone en duda que las matemáticas resultan esenciales para explicar el mundo en el que vivimos y deben formar parte en nuestros días de la cultura básica de cualquier persona. Esperamos que los lectores consideren que hemos acertado.

SUMARIO

INTRODUCCIÓN

LAS MATEMÁTICAS

A menudo asociamos la palabra matemáticas al estudio de los números y a las operaciones que pueden efectuarse con ellos. Pero nada más lejos de la realidad. Las operaciones aritméticas representan sólo una pequeña isla en el amplio océano matemático. El objeto de las matemáticas es enunciar preguntas sobre los **fenómenos** que observamos y elaborar **modelos** teóricos abstractos que la ciencia pueda utilizar para estudiar y transformar el universo que nos rodea. De hecho, la palabra matemáticas deriva del griego *mathema*, que significa conocer o averiguar.

El mismo concepto de número es un ente abstracto que surge cuando nuestros antepasados, se supone que en la misma época en la que descubrieron el fuego, se dieron cuenta de lo que tenían en común un trío de piedras, de personas o de animales: el número tres.

Los números, o cifras, son entes abstractos que forman una serie ordenada y que indican la cantidad de elementos de un conjunto.

Las matemáticas alcanzaron ya un gran desarrollo en civilizaciones antiguas como la egipcia, la china, la mesopotámica o la de la Grecia clásica. Los árabes trajeron a Europa la mayor parte del saber matemático de dichas civilizaciones y ya en el viejo continente las matemáticas tomaron un impulso imparable: primero con los algebristas del Renacimiento y después con la gran revolución científica de los siglos XVII y XVIII, preludio de la revolución industrial del siglo XIX.

En nuestros días, las matemáticas son una **herramienta** imprescindible para el desarrollo de las **ciencias experimentales** como la física, la química o la biología; se aplican con éxito a diversas **ramas tecnológicas** como la ingeniería, la informática o la arquitectura; facilitan una ayuda inestimable a las **ciencias sociales** como la economía, la sociología o la psicología, e incluso se emplean en la creación musical o en las artes plásticas.

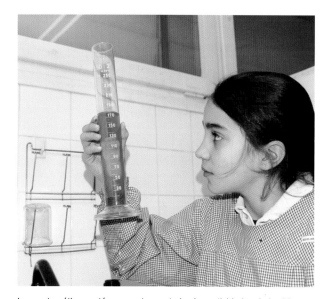

Las matemáticas están presentes en todas las actividades de la vida.

Los egipcios dominaban de tal forma las matemáticas, que hace más de 4.500 años pudieron levantar colosales pirámides de prodigiosa precisión.

LOS CAMPOS DE LAS MATEMÁTICAS

Parece lógico pensar que, aplicándose a tan variadas ramas científicas, las matemáticas abarquen multitud de campos. Así es, en efecto. Ya hemos mencionado la aritmética, que nace con el descubrimiento del concepto de número natural y que ha ido evolucionando a lo largo de la historia con la introducción de nuevos conjuntos numéricos en un proceso que llega a su máximo nivel con los estudios del matemático alemán Georg Cantor (1845-1918) sobre los números transfinitos.

El elemento más característico del **álgebra** es el uso de letras para representar cantidades. Así, por ejemplo, la frase "El volumen de un cilindro se calcula multiplicando la superficie de su base por la longitud de su altura" puede escribirse simplificadamente en lenguaje algebraico así: $V = B \cdot h$. En este caso, las letras son **variables** en las que podemos sustituir cantidades diferentes, según sean las dimensiones del cilindro en particular. En otras ocasiones las letras son **incógnitas** o cantidades desconocidas que se pueden obtener empleando procedimientos más o menos ingeniosos.

La palabra álgebra deriva de *Al-gabr*, título de una obra del matemático árabe al-Hwarizmi (780-850), pero el primer matemático que utilizó letras para designar a cantidades diversas fue el francés François Viète (1540-1603). El álgebra tomó un gran impulso al relacionarse con la geometría gracias a los trabajos de René Descartes (1596-1650) y Pierre de Fermat (1601-1665), padres de la llamada **geometría analítica**.

El estudio de las relaciones existentes entre dos magnitudes, como la velocidad y el tiempo, dio lugar al concepto de función, básico en el **análisis matemático**. El **cálculo diferencial**, obra de Newton (1642-1727) y Leibniz (1646-1716), es la parte del análisis que se ocupa del estudio de la variación de una fun-

El inglés Isaac Newton (1642-1727) destacó en diversas disciplinas (física, matemáticas, astronomía...), en una época en que la ciencia era un todo interrelacionado.

7

La geometría es la parte de las matemáticas que estudia el espacio y las figuras y los cuerpos que en él se pueden imaginar.

ción. Ensanchado con los trabajos de Euler (1707-1783) y Gauss (1777-1855), el análisis matemático ha sido esencial para el desarrollo de las ciencias experimentales.

Los matemáticos del antiguo Egipto conocían bien las formas geométricas básicas, lo que les permitió, entre otras cosas, construir sus famosas pirámides. Pero los grandes avances que experimentó la **geometría** en la antigüedad fueron obra de matemáticos griegos como Tales de Mileto (630-546 a.C.) o Pitágoras (580-497 a.C). Una obra completada por Euclides trescientos años antes de nuestra era. Estos estudios fueron tan profundos, que hubo que esperar muchos siglos para que se produjeran avances importantes en el campo geométrico: la geometría analítica de Descartes y Fermat y la geometría hiperbólica de Lobatxevski (1792-1856) y Bernhard Riemann (1826-1866).

La teoría de probabilidades nació como un divertimento matemático en un intercambio de cartas entre Pascal (1623-1662) y Fermat, en el que discu-

tían sobre diversas cuestiones relativas a los juegos de azar. A pesar de las aportaciones de matemáticos de la talla de Laplace (1749-1829) y Gauss, la **estadística** se tomó como una rama menor de las matemáticas hasta bien entrado el siglo XX. Sin embargo, tras los trabajos del ruso Kolmogorov (1903-1987) y del alemán Fisher (1890-1962) en este campo, hoy se considera que la estadística es una de las ramas matemáticas más importantes, debido a sus múltiples aplicaciones.

Un estudio estadístico consta de tres partes. En la primera se observa un fenómeno, se toman los datos correspondientes, se resumen y se relacionan entre sí. En la segunda se buscan teorías que expliquen coherentemente dichas observaciones. En la tercera se hacen previsiones a la luz de dichas teorías.

Aunque los juegos de azar parecen sometidos al capricho de la suerte, detrás suyo hay toda una teoría matemática de la probabilidad.

EL ESTUDIO DE LAS MATEMÁTICAS

El camino que vamos a seguir aquí nos permitirá visitar los elementos básicos de los campos matemáticos antes presentados. Comenzaremos con la magia de los números, los distintos sistemas de numeración que empleamos y las sucesivas ampliaciones del conjunto numérico que ha sido necesario hacer para que sea posible efectuar todas las operaciones que realizamos en la actualidad.

Una vez acabada esta etapa, intentaremos poner el álgebra a nuestro servicio, aprendiendo a plantear problemas y, seguidamente a resolverlos mediante sistemas de ecuaciones.

A continuación visitaremos el universo de las relaciones entre las cosas que nos rodean y aprenderemos a usar las funciones más empleadas para expresar matemáticamente dichas relaciones. Sólo entonces estaremos en condiciones de abordar la matemática comercial y de estudiar sus aspectos básicos, como el funcionamiento de los créditos y de las hipotecas.

Nuestro siguiente tema será la geometría plana, es decir la que estudia las figuras en dos dimensiones.

Echaremos un vistazo a la trigonometría, que se ocupa de las relaciones existentes entre los ángulos y las distancias, y que resulta fundamental en el campo de las modernas telecomunicaciones. Nos adentraremos entonces en el estudio de los cuerpos geométricos que pueblan el espacio de tres dimensiones.

Nuestra siguiente etapa constituirá una iniciación a la estadística. Ordenaremos datos, dibujaremos gráficos, hallaremos parámetros y aprenderemos a calcular probabilidades.

No nos gustaría acabar este viaje sin acercarnos a descubrir cuál es el presente y el futuro próximo de la matemática y a conocer algunos retos a los que se enfrenta la matemática de nuestros días, tales como el desarrollo de la teoría del caos, de la geometría fractal o de la lógica borrosa.

Las gráficas nos permiten representar datos (cualitativos, de ordenación o cuantitativos) mediante una construcción que facilita evaluarlos visualmente de manera rápida y comprensiva.

SISTEMAS DE NUMERACIÓN

Gracias a los hallazgos arqueológicos y al estudio de los pueblos que viven aún de forma primitiva, sabemos que nuestros antepasados empleaban diversos sistemas para contar y ordenar los objetos. Lo hacían con los dedos, agrupando pequeñas piedras o realizando marcas en huesos y troncos de árboles. El resto más antiguo que se ha encontrado es un hueso de lobo con 55 incisiones, hallado en Europa Central y que tiene unos 50.000 años de antigüedad.

EL SISTEMA DECIMAL

Nuestro sistema de numeración tiene tres propiedades:

• Utilizamos diez símbolos diferentes para escribir los números: 0, 1, 2, 3, 4, 5, 6, 7, 8 y 9. Por esta razón se dice que es un sistema **decimal** o **de base diez**. Diez unidades se agrupan en una decena; diez decenas, en una centena y así sucesivamente. Todo número, por tanto, se puede expresar en forma de potencias de diez:

$4.546 = 4 \cdot 1.000 + 5 \cdot 100 + 4 \cdot 10 + 6 = 4 \cdot 10^3 + 5 \cdot 10^2 + 4 \cdot 10 + 6.$

• El valor de cada símbolo depende de la posición que ocupa. Por eso decimos que es un sistema **posicional**. Así, por ejemplo, en el número anterior, el cuatro situado a la izquierda vale cuatro mil mientras que el otro vale cuarenta.

• Es un sistema **completo**, puesto que emplea el cero.

Tanto la civilización azteca como la maya alcanzaron un nivel de conocimientos matemáticos muy elevado. Utilizaban sistemas de numeración posicionales, pero que no eran decimales. En la fotografía, Gran Pirámide de Chichén Itzá (México).

LOS NÚMEROS ROMANOS

Los romanos empleaban siete letras para escribir los números. Sus valores eran: I = 1, V = 5, X = 10, L = 50, C = 100, D = 500 y M = 1.000.

Es un sistema de numeración no posicional, que todavía se utiliza para escribir los siglos. También podemos encontrar números romanos en los monumentos conmemorativos y en las esferas de algunos relojes. Para leerlos, tenemos que seguir las reglas siguientes:

• Si encontramos una letra situada a la derecha de otra de mayor valor, las sumaremos:
MDL = 1.000 + 500 + 50 = 1.550

• Cuando una letra está situada a la izquierda de otra de mayor o igual valor, tendremos que restarlas:

XC = 100 − 10 = 90

• En el caso de que un grupo de letras esté situado debajo de una raya, multiplicaremos su valor por mil:

$\overline{CV} = 105.000$

Los números romanos siguen apareciendo en muchos lugares.

Binario	Decimal
0	0
1	1
10	2
11	3
100	4
101	5
110	6
111	7
1.000	8
1.001	9
1.010	10
1.011	11
1.100	12
1.101	13

Equivalencia del sistema binario y del sistema decimal.

El sistema binario se utiliza en informática y telecomunicaciones.

EL SISTEMA BINARIO

En este sistema se emplean sólo dos símbolos: el cero y el uno. Para traducir un número binario emplearemos las potencias de dos:

$1.101 = 1 \cdot 2^3 + 1 \cdot 2^2 + 0 \cdot 2 + 1 = 8 + 4 + 0 + 1 = 13.$

Para escribir un número en forma binaria tenemos que dividirlo sucesivamente por dos:

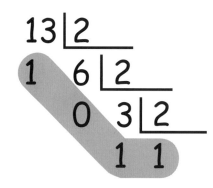

EL SISTEMA SEXAGESIMAL

Para medir el tiempo y los ángulos, usamos un sistema de base sesenta heredado de los babilonios. Sesenta segundos forman un minuto y sesenta minutos una hora o un grado.

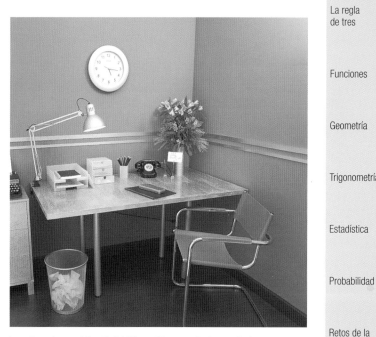

La esfera de un reloj está dividida en 12 partes. Cada una de éstas se subdivide a su vez en 5 partes, de forma que $12 \cdot 5 = 60$.

Las cifras o números que utilizamos actualmente se suelen conocer como cifras árabes, pues fueron los árabes quienes las introdujeron en Europa en el siglo x a través de la España musulmana. Al parecer, los árabes tomaron este sistema de numeración de la India.

NÚMEROS NATURALES

Si preguntamos a un niño de dos años cuántos años tiene, posiblemente nos contestará extendiendo dos dedos. Los números naturales (1, 2, 3, 4, 5, ...) son los primeros que aprendemos e, históricamente, fueron los primeros en aparecer. Estudiaremos las operaciones matemáticas que se efectúan con ellos y descubriremos que son absolutamente insuficientes, puesto que en muchos casos dichas operaciones no podrán realizarse.

Con los números naturales podemos confeccionar códigos identificativos, como los códigos de barras.

SUMA DE NÚMEROS NATURALES

Cuando sumamos dos números naturales siempre obtenemos como resultado otro número natural. El conjunto de los números naturales comienza en el uno, pero no tiene fin, ya que, por muy grande que sea un número, si le sumamos otro, obtendremos siempre un número mayor. Por eso decimos que es infinito.

Si los utilizamos para ordenar los elementos de un conjunto, se llaman primero, segundo, tercero, cuarto, etc.

Los números naturales se emplean para contar.

Intenta colocar los números que faltan en los círculos, de forma que todas las líneas de esta estrella mágica sumen la misma cantidad.

En muchas ocasiones de la vida cotidiana debemos recurrir a la suma. Marta, por ejemplo, ha sumado el número de discos que posee con el número de discos de su hermano Miguel Ángel. Así, ha calculado la cantidad de discos que tienen entre los dos.

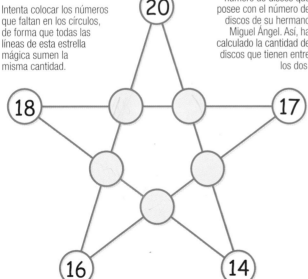

RESTA

Cuando trabajamos únicamente con números naturales, la resta sólo se puede realizar si el primer número, llamado **minuendo**, es mayor que el segundo, que recibe el nombre de **sustraendo**. De este modo, por ejemplo, podremos restar 6 − 2 = 4, pero no podremos restar 7 − 9.

MULTIPLICACIÓN

La multiplicación de dos números naturales siempre da como resultado un número natural y equivale a una suma repetida: $5 \cdot 3 = 5 + 5 + 5 = 15$.

Los dos números que se multiplican se llaman **factores** y el resultado recibe el nombre de **producto**.

Para calcular el número de localidades de un auditorio podemos multiplicar la cantidad de asientos que hay en cada fila por el número de filas.

dividendo · 5 | 2 · divisor

resto · 1 2 · cociente

DIVISIÓN

La división consiste en repartir una cantidad, llamada **dividendo**, en un número de partes iguales, denominado **divisor**. El resultado recibe el nombre de **cociente**.

Cuando trabajamos únicamente con números naturales, la división no siempre puede realizarse. Con seis libros podemos formar tres grupos de dos. En este caso, decimos que la división es exacta. En cambio, con cinco podremos formar dos grupos y sobrará un libro. En este caso, la división se llama **entera** y al número que sobra se le denomina **resto**.

POTENCIACIÓN

Una potencia es una operación que consiste en multiplicar un número, llamado **base**, por sí mismo tantas veces como indica otro número, denominado **exponente**: $2^3 = 2 \cdot 2 \cdot 2 = 8$.

El resultado de una potencia de base y exponente naturales siempre es un número natural.

UNA OPERACIÓN INVERSA

La división es la operación inversa de la multiplicación: al dividir 8 entre 4, tenemos que buscar un número que multiplicado por 4 dé como resultado 8.

Multiplicado por dos

Por tanto: $4 \rightleftarrows 8$

Dividido por dos

RADICACIÓN

La radicación es la operación inversa de la potenciación. Consiste en buscar un número que elevado al índice dé como resultado el radicando: $\sqrt[3]{8} = 2$, ya que $2^3 = 8$.

Existen muchos números naturales que no tienen raíz exacta. En estos casos, sobrará un resto.

índice

cuando es dos se omite y la raíz se llama cuadrada; si es tres, la raíz se denomina cúbica y, a partir, de tres, se llama cuarta, quinta, sexta, etc.

símbolo de la raíz

$$\sqrt[3]{8} = 2$$

radicando

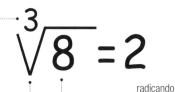

Para representar los números naturales dibujamos una recta (en este caso hemos utilizado una regla). En un punto cualquiera colocamos el origen *O*. Elegimos una medida cualquiera y la vamos llevando hacia la derecha a partir del origen. De esta manera determinaremos la posición de cada número natural.

DIVISIBILIDAD

En un supermercado se venden los huevos en paquetes de una docena. Si compramos tres paquetes, ¿cuántos huevos habremos adquirido? ¿Es posible comprar 37 huevos? La primera pregunta es fácil: hemos comprado $3 \cdot 12 = 36$ huevos. En este caso, se dice que 36 es un múltiplo de 12. También podemos decir que 12 es un divisor de 36, ya que $\frac{36}{12} = 3$. Por otra parte, podemos afirmar que es imposible comprar 37 huevos en ese supermercado, porque 37 no es un múltiplo de 12.

TABLA DE NÚMEROS PRIMOS

estas tres filas se eliminan (excepto el 2) porque están formadas por múltiplos de dos

estas diagonales contienen múltiplos de cinco (excepto el 5)

estas diagonales están formadas por múltiplos de siete (excepto el 7)

esta fila se elimina (excepto el 3), ya que está formada por múltiplos de tres

los números no eliminados son primos

1	7	13	19	25	31	37	43	49	55	61	67	73	79	85	91	97
2	8	14	20	26	32	38	44	50	56	62	68	74	80	86	92	98
3	9	15	21	27	33	39	45	51	57	63	69	75	81	87	93	99
4	10	16	22	28	34	40	46	52	58	64	70	76	82	88	94	100
5	11	17	23	29	35	41	47	53	59	65	71	77	83	89	95	
6	12	18	24	30	36	42	48	54	60	66	72	78	84	90	96	

El procedimiento para construir esta tabla es obra de K.P. Swallow. La primera tabla de este tipo que se conoce es la criba de Eratóstenes.

Un número es primo si únicamente tiene dos divisores: él mismo y la unidad.

FACTORES PRIMOS

Para descomponer un número en factores primos iremos comprobando si es divisible entre dos, entre tres, entre cinco, etc. Podemos utilizar para ello los criterios de divisibilidad.

En este supermercado, sólo venden bandejas de una docena de huevos.

220	2
110	2
55	5
11	11
1	

a este lado colocamos el resultado de cada división

a este lado de la raya colocamos los números primos

CRITERIOS DE DIVISIBILIDAD

Entre dos	Si acaba en cero o en cifra par	12
Entre tres	Si la suma de sus cifras es divisible entre tres	672: $6 + 7 + 2 = 15$ $\frac{15}{3} = 5$
Entre cinco	Si acaba en cero o en cinco	45
Entre once	Si la suma de sus cifras situadas en posición impar menos la suma de sus cifras situadas en posición par (o viceversa) es cero o divisible entre once	90.816: Impar: $9 + 8 + 6 = 23$ $23 - 1 = 22$ $\frac{22}{11} = 2$

$$220 = 2 \cdot 2 \cdot 5 \cdot 11 = 2^2 \cdot 5 \cdot 11.$$

ésta es la descomposición

Introducción

La magia de
los números

**Números
naturales**

Números
enteros

Números
racionales

Números
reales

El sistema
métrico

Ecuaciones

La regla
de tres

Funciones

Geometría

Trigonometría

Estadística

Probabilidad

Retos de la
matemática

Índice
alfabético
de materias

MÁXIMO COMÚN DIVISOR

Una empresa de chocolates fabrica bombones envueltos en papel rojo, que se venden en cajas de doce, y bombones envueltos en papel azul, que se venden en cajas de ocho. ¿Se podrán trasladar los bombones a cajas más pequeñas, que sólo contengan bombones rojos o azules?

Para que no sobre ningún bombón, la capacidad de estas cajas tiene que ser un número divisor de ocho y también de doce.

La descomposición factorial de ocho es:
$8 = 2 \cdot 2 \cdot 2 = 2^3$

El doce, por su parte, se descompone así:
$12 = 2 \cdot 2 \cdot 3 = 2^2 \cdot 3$

Si tomamos los factores comunes elevados al menor exponente posible, obtenemos: $2^2 = 4$. El cuatro es el mayor de los números que dividen tanto a ocho, como a doce. Luego sólo podemos trasladar los bombones a cajas de uno, de dos o de cuatro.

Se dice que un número es **perfecto**, cuando coincide con la suma de sus divisores, exceptuando a él mismo.

El veintiocho es un número perfecto. Sus divisores son 1, 2, 4, 7, 14 y 28. Entonces, tenemos: $1 + 2 + 4 + 7 + 14 = 28$.

El máximo común divisor es el mayor de los divisores comunes a varios números.

MÍNIMO COMÚN MÚLTIPLO

Marta come legumbres cada seis días y su hija Ana, en el comedor del colegio, cada cuatro. Si hoy ambas han tomado legumbres, ¿cuándo volverán a coincidir?

La descomposición factorial de seis es: $6 = 2 \cdot 3$ y la de cuatro es $4 = 2 \cdot 2 = 2^2$. Si tomamos los factores comunes elevados al mayor exponente posible y los factores que no son comunes, obtenemos: $2^2 \cdot 3 = 12$. Luego volverán a coincidir dentro de doce días.

nuestro sistema de numeración es decimal como consecuencia de que nacemos con diez dedos en las manos. El número diez es **defectuoso**. Así se llama a los números superiores a la suma de sus divisores. Los divisores de diez son: 1, 2 y 5.
Por tanto: $1 + 2 + 5 = 8$.

el número doce es **abundante**, puesto que es menor que la suma de sus divisores menores que él: $1 + 2 + 3 + 4 + + 6 = 16$. ¿Serían más fáciles las matemáticas si hubiéramos nacido con doce dedos en las manos?

El mínimo común múltiplo es el menor de los múltiplos comunes a varios números.

NÚMEROS ENTEROS

María entra en un ascensor en la quinta planta de un edificio. Como quiere ir al séptimo piso, tiene que subir dos pisos, puesto que $7 = 5 + 2$. Si hubiera querido bajar tres pisos, también habría podido hacerlo, ya que $5 - 3 = 2$. ¿Pero podría haber bajado siete pisos? No.

Supongamos ahora que estamos en otro edificio en el que hay tres sótanos destinados a aparcamiento y que en el ascensor están señalados con los números −1, −2 y −3. ¿Podríamos bajar siete pisos estando en el quinto? Al contar con números negativos, sí que podríamos hacerlo: $5 - 7 = -2$, es decir, acabaríamos en el segundo sótano.

EL ORIGEN DEL NÚMERO CERO

Muchas civilizaciones de la antigüedad no utilizaban el cero. ¿Para qué contar un rebaño que no tiene ninguna oveja? ¿Para qué representar con un símbolo a la nada? Pero, ¿cómo escribir el número 408 sin emplear el cero? Los pueblos que usaban sistemas de numeración posicionales lo resolvían dejando un espacio en blanco entre el cuatro y el ocho. Con este método se solían confundir los números 48, 408 y 480, y por esta razón los hindúes optaron por colocar un punto donde antes dejaban un espacio en blanco. Con el paso del tiempo, el punto se convirtió en un círculo.

LOS NEGATIVOS

Aunque chinos e hindúes han utilizado números negativos desde hace más de mil años, en Europa no empezaron a emplearse hasta el Renacimiento y no fueron totalmente admitidos hasta finales del siglo XIX.

Los chinos operaban con un ábaco de dos colores: el rojo para los números positivos y el negro para los negativos. En la fotografía, ábaco gigante en una calle de Cesis (Letonia).

Se llama valor absoluto de un número entero al número natural que resulta al omitir el signo. El valor absoluto se representa con dos barras verticales: $|-3| = 3$.

LOS QUIPU

Los incas utilizaban un sistema de cuerdas, denominado "quipu", a las que hacían determinados nudos para realizar sus cálculos.

REPRESENTACIÓN GRÁFICA DE LOS NÚMEROS ENTEROS

Para dibujar los números enteros en una recta, seguimos el siguiente proceso:

• Situamos el cero en un punto cualquiera.

• Tomamos una medida cualquiera y la vamos llevando hacia la derecha del cero, representando así a los números enteros positivos, que coinciden con los naturales.

• Vamos llevando la misma medida hacia la izquierda del cero para dibujar los enteros negativos.

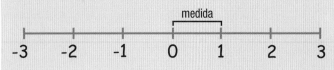

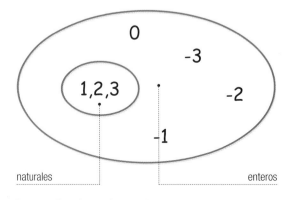

Los naturales, el cero y los negativos constituyen el conjunto de los números enteros.

SUMA DE ENTEROS

Para jugar a la suma de enteros, construyamos un tablero de cartón que tenga treinta y una zonas: quince zonas llevan números negativos, −1 al −15; quince llevan números positivos; la zona central corresponde al cero. Dispongamos también de una ficha y de un dado.
Las reglas del juego: si llegas a la zona 15, enhorabuena, habrás logrado un gol; si retrocedes a la zona −15, lo sentimos, habrás encajado un gol.

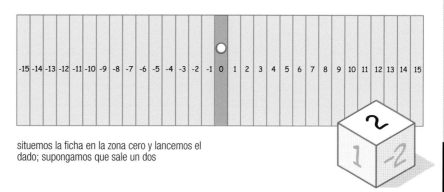

situemos la ficha en la zona cero y lancemos el dado; supongamos que sale un dos

Para sumar dos enteros que tengan el mismo signo, se suman los valores absolutos y se añade dicho signo.

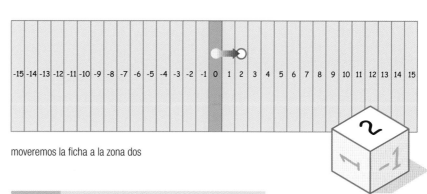

moveremos la ficha a la zona dos

Para sumar dos enteros que tengan distinto signo, se restan los valores absolutos y se añade el signo del que tenga mayor valor absoluto.

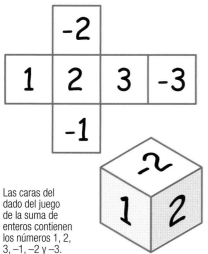

Las caras del dado del juego de la suma de enteros contienen los números 1, 2, 3, −1, −2 y −3.

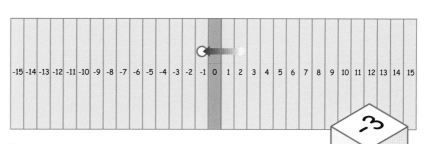

lancemos de nuevo y supongamos que salga un −3; moveremos la ficha tres casillas hacia la izquierda y acabaremos en la zona −1. Matemáticamente podemos representar este movimiento así: $2 + (-3) = -1$

RESTA DE ENTEROS

Para restar dos enteros se suma al primero el opuesto del segundo:
$2 - (-3) = 2 + 3 = 5$
$3 - (5) = 3 + (-5) = -2$

Se llama opuesto de un número al que tiene el mismo valor absoluto, pero distinto signo. Así el opuesto del 3 es el −3 y el opuesto del −5 es el 5.

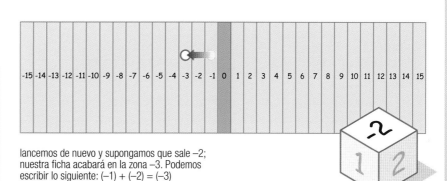

lancemos de nuevo y supongamos que sale −2; nuestra ficha acabará en la zona −3. Podemos escribir lo siguiente: $(-1) + (-2) = (-3)$

MULTIPLICACIÓN DE ENTEROS

Resultado de los dados	Movimiento de la ficha	Expresión matemática
En el dado de multiplicar ha salido un signo más y en el otro un 3.	Dos veces en la dirección del dado de números. En total seis casillas a la derecha.	$2 \cdot 3 = 6$
En el dado de multiplicar ha salido un signo menos y en el otro un 3.	Dos veces en la dirección contraria a la del dado de números. En total seis casillas a la izquierda.	$(-2) \cdot 3 = -6$
En el dado de multiplicar ha salido un signo más y en el otro un −3.	Dos veces en la dirección del dado de números. En total seis casillas a la izquierda.	$2 \cdot (-3) = -6$
En el dado de multiplicar ha salido un signo menos y en el otro un −3.	Dos veces en la dirección contraria a la del dado de números. En total seis casillas a la derecha.	$(-2) \cdot (-3) = 6$

Sigamos con nuestro juego de la página anterior, pero construyamos un nuevo dado, al que llamaremos dado de multiplicar, en tres de cuyas caras dibujaremos una estrella con un signo menos y en las otras tres una estrella con un signo más. Este dado servirá para duplicar el movimiento correspondiente al otro dado, el de los números.

Situemos la ficha en la casilla −2 y lancemos los dos dados. Si analizamos los casos posibles, llegaremos a esta conclusión: para multiplicar dos números enteros, se multiplican sus valores absolutos. Si los dos son del mismo signo el resultado será positivo. Si, por el contrario, son de signos diferentes el resultado será negativo.

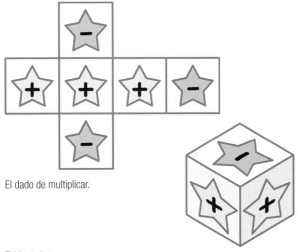

El dado de multiplicar.

Tabla de la multiplicación.

$\cdot$	$+$	$-$
$+$	$+$	$-$
$-$	$-$	$+$

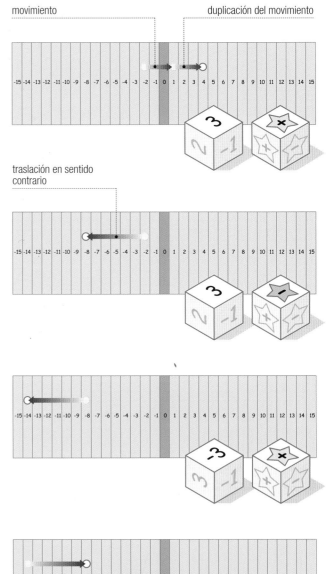

movimiento · duplicación del movimiento

traslación en sentido contrario

DIVISIÓN DE NÚMEROS ENTEROS

Cuatro hermanos tienen que asumir la deuda de su anciano padre: ocho mil euros. ¿Cuánto tendrá que devolver cada uno de ellos?

$-8.000 : 4 = -2.000$ €.

Cada uno tiene que devolver dos mil euros. En este caso decimos que la división es **exacta**.

¿Qué hubiera pasado si la deuda hubiera sido de ocho mil treinta euros? La operación no se podría realizar trabajando únicamente con números enteros, pues si cada uno de los hermanos devolviera dos mil siete euros, aún quedaría un resto de la deuda: dos euros. En este caso decimos que la división es **entera**.

Para medir la altura del terreno, se toma como nivel cero el nivel del mar. Entonces, para medir las profundidades marinas hay que utilizar números negativos.

El resto de una división entera tiene el mismo signo que el dividendo.

Cero grados centígrados (se escribe 0 °C) es la temperatura a la que se hiela el agua. En países muy fríos se pueden alcanzar temperaturas de cuarenta grados por debajo de cero. Este tipo de temperaturas se expresan con números negativos: -40 °C.

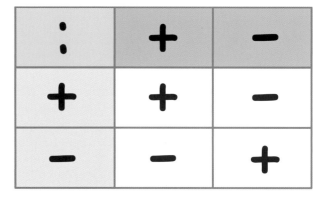

Tabla de la división.

 Para determinar el signo del cociente podemos consultar la tabla de signos, que es semejante a la de la multiplicación.

 Dividendo = divisor · cociente + resto

$-9 = 4 · (-2) + (-1)$

POTENCIAS DE BASE NATURAL CON EXPONENTE ENTERO

• Para multiplicar dos potencias de la misma base y exponente natural basta con sumar los exponentes y conservar la misma base:

$3^2 · 3^3 = (3 · 3) · (3 · 3 · 3) = 3 · 3 · 3 · 3 · 3 = 3^5 = 3^{2+3}$

• Para dividir dos potencias de la misma base y exponente natural restaremos los exponentes y dejaremos la misma base, ya que:

$\dfrac{3^4}{3^2} = \dfrac{3 · 3 · 3 · 3}{3 · 3} = 3 · 3 = 3^2 = 3^{4-2}$

• Si el exponente del divisor es mayor que el del dividendo, se origina un exponente negativo que equivale a dividir la unidad entre la misma potencia pero con exponente positivo:

$3^{-2} = \dfrac{3^2}{3^4} = \dfrac{3 · 3}{3 · 3 · 3 · 3} = \dfrac{1}{3 · 3} = \dfrac{1}{3^2}$

• Si el dividendo y el divisor son iguales, se origina una potencia de exponente cero que, por tanto, equivale a la unidad:

$3^0 = 3^{2-2} = \dfrac{3^2}{3^2} = \dfrac{3 · 3}{3 · 3} = \dfrac{9}{9} = 1$

POTENCIAS DE BASE ENTERA

• Si la base es negativa y el exponente es par, el resultado es positivo: $(-2)^2 = (-2) · (-2) = 4$.

• Si la base es negativa y el exponente es impar, el resultado es negativo: $(-2)^3 = (-2) · (-2) · (-2) = 4 · (-2) = -8$.

NÚMEROS RACIONALES

Marina ha intentado cantar una canción compuesta por Alberto, pero el tono de Do le resultaba demasiado grave, por lo que han decidido transportar la canción al tono de La. ¿Sonará la melodía exactamente igual, aunque, naturalmente, más aguda?

Para contestar a esta pregunta tendremos que estudiar si la distancia de la nota Do a la nota Re, en el primer pentagrama es la misma que la distancia de la nota La a la nota Si en el segundo.

LAS FRACCIONES

Desde hace cientos de años se sabe que el sonido de una cuerda tensada depende de su longitud. Cuanto menor es dicha longitud, más aguda es la nota que se produce.

$\frac{2}{3}$ es una **fracción**. El tres, llamado **denominador**, indica que la unidad se ha dividido en tres partes, mientras que el **numerador**, dos, indica que se han tomado dos de ellas.

Do

1/2

La guitarra de Marina.

Do

1/2

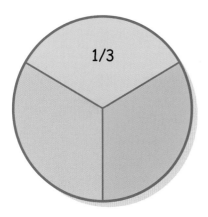

1/3

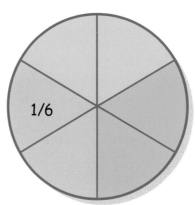

1/6

Si multiplicamos al numerador y al denominador de una fracción por el mismo número, la fracción que resulta es **equivalente** a la que teníamos: $\frac{2}{3} = \frac{4}{6}$

SUMA Y RESTA DE FRACCIONES

Longitud de la cuerda	1	8/9	64/81	3/4	2/3	16/27	128/243	1/2
Nota	Do	Re	Mi	Fa	Sol	La	Si	Do

Antes de sumar o restar dos fracciones, tenemos que transformarlas en otras dos equivalentes, pero que tengan el mismo denominador. Calculemos, por ejemplo, la distancia de la nota La a la nota Si:

$$\frac{16}{27} - \frac{128}{243} = \frac{16 \cdot 9}{27 \cdot 9} - \frac{128}{243} = \frac{144}{243} - \frac{128}{243} = \frac{16}{243}$$

Calculemos ahora la distancia de la nota Do a la nota Re:

$$1 - \frac{8}{9} = \frac{9}{9} - \frac{8}{9} = \frac{1}{9}$$

Busquemos una fracción equivalente cuyo denominador sea 243:

$$\frac{1}{9} = \frac{1 \cdot 27}{9 \cdot 27} = \frac{27}{243}$$

Por tanto, la distancia de las dos primeras notas en el tono de La es menor que la distancia entre las dos primeras notas en el tono de Do habiendo una ligera diferencia de

$$\frac{27}{243} - \frac{16}{243} = \frac{11}{243}$$ partes de cuerda.

Cuando transportamos una canción a otro tono, suena muy parecida, pero no exactamente igual. Eso explica que la música escrita en el tono de Mi bemol resulte melancólica, mientras que en el tono de La suene triunfante.

MULTIPLICACIÓN Y DIVISIÓN DE FRACCIONES

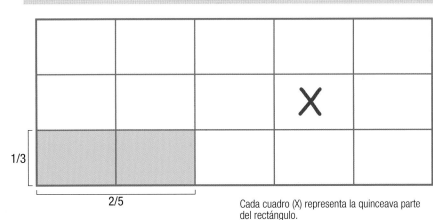

Para multiplicar dos fracciones no es necesario reducirlas antes a común denominador, basta con multiplicar entre sí los numeradores y los denominadores:

$$\frac{1}{3} \cdot \frac{2}{5} = \frac{2}{15}$$

Para dividir dos fracciones, multiplicamos la primera por la inversa de la segunda:

$$\frac{2}{15} : \frac{2}{5} = \frac{2}{15} \cdot \frac{5}{2} = \frac{10}{30} = \frac{1}{3}$$

1/3

2/5

Cada cuadro (X) representa la quinceava parte del rectángulo.

REPRESENTACIÓN GRÁFICA DE FRACCIONES

Para dibujar una fracción en la recta, tenemos que dividir la unidad en tantas partes como indique el denominador. Podemos utilizar el siguiente procedimiento:

• Dibujaremos otra recta a partir del origen, *O*, con la inclinación que queramos.

• Iremos llevando una medida cualquiera tantas veces como indique el denominador hasta llegar a *A*.

• Uniremos el punto A con la unidad y trazaremos paralelas a la recta obtenida. Dichas paralelas dividirán la unidad en partes iguales.

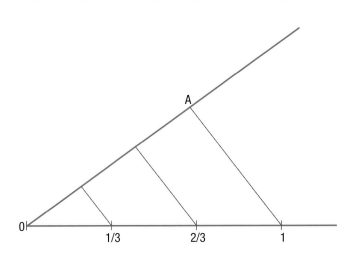

A

0   1/3   2/3   1

Si el numerador es mayor que el denominador, la fracción es superior a la unidad, por lo que realizaremos la misma construcción, pero a partir del número entero correspondiente:

$$\frac{13}{5} = \frac{10}{5} + \frac{3}{5} = 2 + \frac{3}{5}$$

A

0   1   2   13/15   3

el conjunto de los números racionales, constituido por las fracciones, contiene al de los números enteros, ya que éstos se pueden escribir en forma de fracción: $7 = \frac{14}{2}$

si trabajamos únicamente con los números enteros, sólo podremos efectuar las divisiones exactas

7
naturales

negativos

racionales

en el conjunto de los números racionales, se pueden realizar las mismas operaciones que en el de los enteros y además todas las divisiones

NÚMEROS REALES

Un famoso violinista tenía dos hijos también violinistas. El mayor daba conciertos, mientras que el pequeño estaba a punto de terminar sus estudios musicales. Cuando el padre se jubiló, decidió repartir sus violines entre sus hijos de la siguiente forma: al mayor le dio la mitad más medio violín. Al segundo, la mitad de los que quedaban más medio violín. Él, por su parte, se quedó con un solo violín, su preferido. Al enterarse, los hijos pensaron que su padre estaba de broma. ¿Qué iban a hacer con medio violín?

EL SALTO DE MARÍA

María practica el salto de longitud. En uno de sus intentos ha logrado saltar 6,59 metros. Esto significa que ha saltado más de seis metros. Para precisar más, dividimos el séptimo metro en diez partes y vemos que el salto supera la quinta división. Volvemos a dividir en diez partes. Observamos que el salto equivale a la suma de seis metros más cinco décimas más nueve centésimas.

FRACCIONES DECIMALES

Los números decimales son una creación colectiva en la que se emplearon cientos de años y que culminó Stevin en el siglo XVI al introducir las fracciones decimales, es decir, las fracciones cuyo denominador es una potencia de diez.

	6	,	5	9

unidades — coma de separación — décimas — centésimas

Al dividir una unidad en	Se obtiene	Equivale a
Diez partes iguales	La **décima**	$\dfrac{1}{10}$
Cien partes iguales	La **centésima**	$\dfrac{1}{100} = \dfrac{1}{10^2}$
Mil partes iguales	La **milésima**	$\dfrac{1}{1.000} = \dfrac{1}{10^3}$

De la misma forma podemos obtener la **diezmilésima**, la **cienmilésima**, la **millonésima**, etc.

SUMA Y RESTA DE NÚMEROS DECIMALES

Volvamos al enigma del padre violinista. Si lo pensamos detenidamente, descubriremos que no estaba de broma, sino que poseía siete violines. Entonces, la mitad son 3,5 violines, es decir, tres violines y medio. Al hijo mayor le corresponden: 3,5 + 0,5 = 4. El resto son: 7 − 4 = 3, la mitad son 1,5. El hijo pequeño hereda: 1,5 + 0,5 = 2. El padre se queda uno. Entonces: 4 + 2 + 1 = 7.

$$\begin{array}{r} 3,5 \\ + \;\; 0,5 \\ \hline 4,0 \end{array}$$

Para sumar o restar números decimales hay que colocarlos de manera que las comas coincidan.

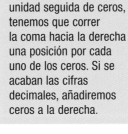

Para multiplicar un número decimal por la unidad seguida de ceros, tenemos que correr la coma hacia la derecha una posición por cada uno de los ceros. Si se acaban las cifras decimales, añadiremos ceros a la derecha.

Para multiplicar dos números decimales cualesquiera efectuamos la operación como si fueran enteros y después colocamos en el resultado tantas cifras decimales como tengan entre los dos factores juntos.

MULTIPLICACIÓN

Una empresa importadora ha comprado 1.000 televisores y ha pagado 717,32 euros por cada uno. Para calcular el coste total, efectuamos la siguiente multiplicación:
717,32 · 1.000 = 717.320 euros.

Las calculadoras electrónicas (abajo, derecha) nos facilitan mucho la realización de operaciones con números decimales.

DIVISIÓN

En una ciudad de un millón de habitantes se consumen diariamente 98.345 litros de leche. Para calcular la cantidad de leche que toma cada habitante por término medio, efectuamos la siguiente división: $\dfrac{98.345}{1.000.000} = 0{,}098345$ litros.

Para dividir un número decimal por la unidad seguida de ceros, tenemos que correr la coma hacia la izquierda una posición por cada uno de los ceros. Si se acaban las cifras del número, añadiremos a la izquierda los ceros que sobren en el denominador.

Para dividir dos números decimales cualesquiera, comenzamos multiplicando al dividendo y al divisor por la unidad seguida de los ceros necesarios para conseguir que el divisor se convierta en un número entero; después, efectuamos la división y, al bajar la primera cifra decimal del dividendo, colocamos la coma en el cociente.

NÚMEROS DECIMALES PERIÓDICOS

Supongamos que la superficie de un campo de fútbol mide 87 decámetros cuadrados. Supongamos también que cada uno de los 22 jugadores defiende la misma cantidad de terreno. Para calcular la parcela que le toca a cada uno, efectuamos la división. Vemos que los restos se repiten y, en consecuencia, también se repiten los cocientes. El resultado es pues: 3,9545454..., que se suele escribir con un pequeño arco sobre las cifras que se repiten: $3,9\overline{54}$. Este tipo de números se denominan números **periódicos mixtos** y constan de una parte entera, un anteperíodo y un período.

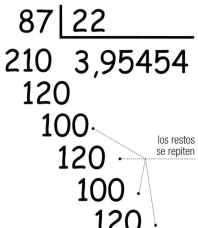

los restos se repiten

UN NÚMERO DECIMAL PERIÓDICO

| 3, | 9 | 54 | 54 | 54 |

parte entera   anteperíodo   período

FRACCIÓN GENERATRIZ DE UN NÚMERO DECIMAL

Se llama así a la fracción tal que, al efectuar la división de su numerador entre su denominador, da origen al número decimal.

Para encontrar la fracción generatriz se resta la parte entera seguida del anteperíodo y de un período, menos la parte entera seguida del anteperíodo y se divide el resultado entre tantos nueves como cifras tenga el período seguidos de tantos ceros como cifras tenga el anteperíodo. Por ejemplo:

$$3,9\widehat{54} = \frac{3.954 - 39}{990} = \frac{3.915}{990} = \frac{87}{22}$$

 Si el número no tiene anteperíodo se dice que es **periódico puro**. Su fracción generatriz se calcula omitiendo la parte referente al anteperíodo:

$$7,\widehat{2} = \frac{72 - 7}{9} = \frac{65}{9}$$

Si al efectuar una división llega un momento en el que se obtiene de resto cero, el número decimal no tendrá infinitas cifras decimales y se llamará número **decimal exacto**. Su fracción generatriz se puede calcular considerando que es equivalente a un número decimal periódico con período cero:

$$5,3 = 5,300... = 5,3\widehat{0} = \frac{530 - 53}{90} = \frac{477}{90} = \frac{53}{10}$$

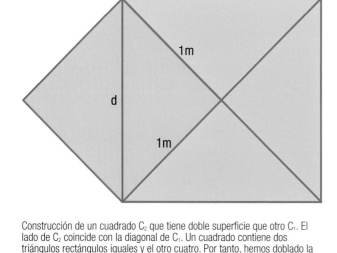

Construcción de un cuadrado C_2 que tiene doble superficie que otro C_1. El lado de C_2 coincide con la diagonal de C_1. Un cuadrado contiene dos triángulos rectángulos iguales y el otro cuatro. Por tanto, hemos doblado la superficie.
Supongamos que el lado del cuadrado pequeño mide un metro. Si aplicamos el teorema de Pitágoras a cualquiera de los triángulos rectángulos, obtendremos el número irracional $\sqrt{2}$. En efecto: $d = \sqrt{1^2 + 1^2} = \sqrt{2}$.

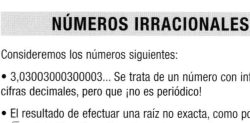

NÚMEROS IRRACIONALES

Consideremos los números siguientes:

• 3,03003000300003… Se trata de un número con infinitas cifras decimales, pero que ¡no es periódico!

• El resultado de efectuar una raíz no exacta, como por ejemplo $\sqrt{2} = 1,4142…$ Sus cifras decimales se repiten, pero no de forma periódica, sino al azar.

• El resultado de dividir la longitud de una circunferencia entre la longitud de su diámetro, es un número al que designamos habitualmente con la letra griega π y cuyo valor es: $\pi = 3,14159…$

La conclusión es clara: los números racionales no son suficientes si deseamos efectuar todas las operaciones habituales, en particular la radicación. Necesitamos introducir un nuevo conjunto de números con infinitas cifras decimales no periódicas, a los que llamaremos irracionales.

EL NÚMERO ÁUREO

Históricamente hablando, el primer número irracional conocido fue el número $\phi = \dfrac{1 + \sqrt{5}}{2}$ cuyo valor es: 1,6180339…

Se obtiene al dividir las longitudes de la diagonal de un pentágono regular y el lado del mismo.

El número áureo se ha utilizado mucho en el mundo del arte y del diseño, pues las proporciones basadas en él resultan especialmente armoniosas. En la imagen: *Hombre vitrubiano*, célebre dibujo de Leonardo da Vinci en el que estudia las proporciones ideales del cuerpo humano.

El *teorema de Pitágoras* permite dibujar en la recta algunos números irracionales. Para representar el número $\sqrt{13}$, por ejemplo, tomamos tres unidades. A continuación, en una recta perpendicular, tomamos dos. Finalmente, utilizando un compás, trasladamos a la recta la longitud AB, que mide: $\sqrt{2^2 + 3^3} = \sqrt{4 + 9} = \sqrt{13}$.

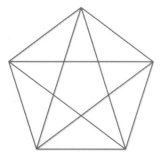

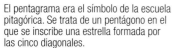

El pentagrama era el símbolo de la escuela pitagórica. Se trata de un pentágono en el que se inscribe una estrella formada por las cinco diagonales.

LOS NÚMEROS REALES

Reales — Racionales — Enteros — Naturales / Cero / Negativos
Racionales — Fraccionarios — Decimales exactos / Periódicos puros / Periódicos mixtos
Reales — Irracionales

UN SISTEMA DE MEDIDA CASI UNIVERSAL

¿Te imaginas que en cada país, en cada región incluso, utilizásemos unidades de medida diferentes? ¡Vaya lío! Pues así sucedía hasta hace un poco más de doscientos años. En unas comarcas se medía en palmos; en otras, en varas; en otras, en pies, etc., hasta que en 1792 la Academia de Ciencias de París encargó a los científicos Delambre y Mechain la elaboración de un sistema único de medidas. Así nació **el sistema métrico decimal**, cuya unidad fundamental es el metro y que hoy se utiliza prácticamente en todo el mundo.

UNIDADES DE LONGITUD

Adela practica el atletismo. El próximo domingo correrá una carrera de 12,3 km. Si en cada zancada recorre 80 cm por término medio, ¿cuántas zancadas dará a lo largo de la carrera?

Para responder a esta pregunta transformaremos en primer lugar los kilómetros a centímetros:

12,3 km = 12,3 · 100.000 cm = 1.230.000 cm. Por tanto,

el número de zancadas será: $\dfrac{1.230.000}{80}$ = 15.375 zancadas.

Antes de la implantación del sistema métrico decimal existía una gran diversidad de unidades y elementos para efectuar mediciones. Derecha, media fanega, medida castellana de capacidad para granos o legumbres; abajo, arroba de Girona, un peso de unas 25 libras, esto es, unos 11,502 kilogramos.

¿QUÉ ES MEDIR?

Para medir algo, lo primero que tenemos que hacer es definir una cantidad inicial que llamaremos **unidad**. Posteriormente, ya podremos medir una magnitud, comparándola con la unidad y viendo cuántas veces la contiene.

En el sistema métrico decimal se emplean los prefijos **deca-**, **hecto-** y **kilo-** para los múltiplos de la unidad.

En el sistema métrico decimal se emplean los prefijos **deci-**, **centi-** y **mili-** para los submúltiplos de la unidad.

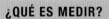
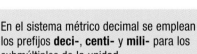

	MULTIPLICAMOS POR 100 →						
	← DIVIDIMOS POR 100						
	Múltiplos			**Unidad**	**Submúltiplos**		
Nombre	kilómetro	hectómetro	decámetro	metro	decímetro	centímetro	milímetro
Símbolo	km	hm	dam	m	dm	cm	mm

	MULTIPLICAMOS POR 100 →						
	← DIVIDIMOS POR 100						
	Múltiplos			**Unidad**	**Submúltiplos**		
Nombre	kilómetro cuadrado	hectómetro cuadrado	decámetro cuadrado	metro cuadrado	decímetro cuadrado	centímetro cuadrado	milímetro cuadrado
Símbolo	km²	hm²	dam²	m²	dm²	cm²	mm²
Nombre		hectárea	área	centiárea			
Símbolo		ha	a	ca			

UNIDADES DE VOLUMEN, CAPACIDAD Y MASA

A Lorenzo le encanta hacer comparaciones y se pasa el día calculando cosas mentalmente. Mientras tomaba el sol relajadamente al borde de una piscina de 813 m³ de capacidad, le han venido dos preguntas a la cabeza: ¿cuántas veces es mayor la capacidad de la piscina que la de una botella de vino de 75 cl? ¿Cuántas toneladas pesaría el agua de la piscina?

Las ha contestado fácilmente: 813 m³ = 813 · 1.000 dm³ = = 813.000 dm³ = 813.000 l = 813.000 · 100 cl = 81.300.000 cl

Como $\frac{81.300.000}{75} = 1.084.000$

concluimos que la capacidad de la piscina es 1.084.000 veces mayor que la capacidad de la botella. Por otra parte, un litro de agua destilada pesa un kilo. Un litro de agua de piscina pesa un poco más, ya que, además de agua, contiene otras cosas, como sales, cloro, etc., pero podemos afirmar que pesaría aproximadamente 813.000 kg, es decir,

$\frac{813.000}{1.000} = 813$ t.

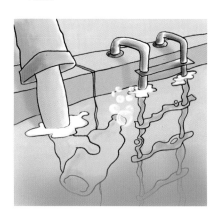

Para medir grandes magnitudes se utilizan los prefijos mega (M), que equivale a un millón, giga (G), que equivale a mil millones, y tera (T), equivalente a un billón. La informática ha popularizado estos múltiplos de la unidad. Así, por ejemplo, hablamos de megahercios o gigabytes.

UNIDADES DE SUPERFICIE

Lucía y Juan trabajaban en una finca de 27,3 ha, pero han decidido venderla a una constructora que dedicará 5 ha a zonas comunes y dividirá el resto en parcelas de 500 m² destinadas a chalets. ¿Cuántos se edificarán?

La zona edificable mide: 27,3 − 5 = = 22,3 ha. Esta superficie equivale a: 22,3 · 10.000 = 223.000 m². Se podrán hacer: $\frac{223.000}{500} = 446$ parcelas.

Como en el terreno informático se emplea la base dos y la potencia de dos más cercana a mil es $2^{10} = 1.024$, un kilobyte no equivale a 1.000 bytes, sino a 1.024 bytes, un megabyte a 1.024 · 1024 = 1.048.576 bytes y así sucesivamente.

VOLUMEN		CAPACIDAD		MASA (de agua destilada)	
Nombre	**Símbolo**	**Nombre**	**Símbolo**	**Nombre**	**Símbolo**
kilómetro cúbico	km³				
hectómetro cúbico	hm³				
decámetro cúbico	dam³				
metro cúbico	m³	kilolitro	kl	tonelada	t
		hectolitro	hl	quintal	q
		decalitro	dal		
decímetro cúbico	dm³	litro	l	kilogramo	kg
		decilitro	dl	hectogramo	hg
		centilitro	cl	decagramo	dag
centímetro cúbico	cm³	mililitro	ml	gramo	g
				decigramo	dg
				centigramo	cg
milímetro cúbico	mm³			miligramo	mg

MULTIPLICAMOS POR 1.000 / DIVIDIMOS POR 1.000

MULTIPLICAMOS POR 10 / DIVIDIMOS POR 10

ECUACIONES

A Marcelo le han rebajado la décima parte del precio de una impresora, pero, al ir a pagar, le han cargado una décima parte en concepto de impuestos. Al final ha pagado 198 euros. ¿Sabrías calcular cuál era el precio inicial de la impresora?

LA BÚSQUEDA DE LAS INCÓGNITAS

Para plantear un problema, es conveniente dar los siguientes pasos:

1. Leer el enunciado despacio, tantas veces como sean necesarias para comprenderlo perfectamente.

2. Buscar qué nos preguntan. Generalmente, las preguntas están situadas al final del enunciado. En el problema que nos ocupa hay una única pregunta: el precio inicial de la impresora.

3. Emplear tantas letras, llamadas **incógnitas**, como cosas diferentes nos pregunten. En nuestro caso: x = precio inicial de la impresora.

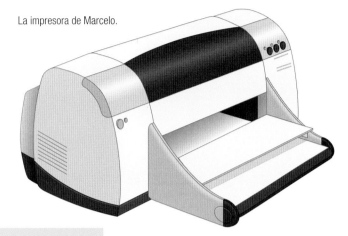

La impresora de Marcelo.

 Se llaman **términos** de una ecuación a cada uno de los sumandos que intervienen en ella. En nuestro ejemplo, el primer miembro tiene dos términos y el segundo, uno.

 Una ecuación tiene dos **miembros**. Uno de ellos está situado a la izquierda del signo igual y el otro, a su derecha.

Las matemáticas tuvieron, tanto en el Egipto antiguo, como en la antigua Mesopotamia, un desarrollo asombroso. Ambos pueblos eran capaces de plantear y resolver ecuaciones. En las fotografías: izquierda, obelisco en Karnak (Egipto); derecha, la antigua ciudad mesopotámica de Mari (Siria).

PLANTEAMIENTO

Una vez localizas las incógnitas, hay que volver al principio del enunciado y separar las frases. En nuestro ejemplo hay tres ideas fundamentales:

• Le han rebajado la décima parte. Esto significa que ha pagado nueve décimas partes del precio inicial. Luego ha pagado: $\frac{9x}{10}$.

• Le han cargado una décima parte, es decir: $\frac{9x}{10} : 10$, que equivale a $\frac{9x}{100}$.

• Al final ha pagado 198 euros, esto es:
$$\frac{9x}{10} + \frac{9x}{100} = 198.$$

Introducción

La magia de
los números

Números
naturales

Números
enteros

Números
racionales

Números
reales

El sistema
métrico

Ecuaciones

La regla
de tres

Funciones

Geometría

Trigonometría

Estadística

Probabilidad

Retos de la
matemática

Índice
alfabético
de materias

El **grado** de una ecuación es el mayor de los exponentes a los que está elevada la incógnita. La ecuación de nuestro ejemplo es de primer grado. Si el mayor exponente fuera un dos, se diría que es de segundo grado; si fuera un tres, de tercer grado y así sucesivamente.

RESOLUCIÓN

Resolver una ecuación consiste en encontrar el valor que hay que sustituir en la incógnita para que la igualdad se cumpla. Para alcanzar este objetivo, daremos los pasos siguientes:

1. Eliminamos los denominadores multiplicando toda la ecuación por el mínimo común múltiplo de dichos denominadores, en este caso cien:

$$100 \cdot \frac{9x}{10} + 100 \cdot \frac{9x}{100} = 100 \cdot 198.$$

2. Efectuamos las operaciones y obtenemos: $90x + 9x = 19.800$.

3. Agrupamos los términos que contienen a la incógnita: $99x = 19.800$.

4. Dividimos a toda la ecuación por noventa y nueve: $\dfrac{99x}{99} = \dfrac{19.800}{99}$,

o lo que es lo mismo: $x = \dfrac{19.800}{99} = 200$ euros.

Podríamos haber pensado que, si a Marcelo le descuentan una décima parte del precio y después le cargan otra décima parte, el precio inicial y el final tendrían que ser iguales: 198 euros. Resolviendo matemáticamente el problema, hemos visto que este razonamiento intuitivo es falso.

Cuando a Marcelo le descuentan la décima parte de 200 euros, le descuentan 20 euros. La décima parte de recargo se hace pues sobre 180 euros y equivale a 18 euros. Por tanto, el descuento y el recargo no coinciden y el precio final es $180 + 18 = 198$ euros.

El emperador Qin Shi Huangdi ordenó la destrucción de todos los libros de matemáticas en el año 213 a.C. Por este motivo no podemos saber con exactitud en qué momento los chinos comenzaron a trabajar con ecuaciones matemáticas.

En la India, las matemáticas fueron cultivadas por los sacerdotes, quienes aplicaban sus conocimientos geométricos para la construcción de los altares.

¿QUÉ ES UNA ECUACIÓN?

En una expresión algebraica intervienen números y letras. Pero, no toda expresión algebraica es una ecuación. A la vista del problema que hemos resuelto, podemos concluir que para que una expresión algebraica sea una ecuación, tiene que cumplir una serie de condiciones:

• Tiene que contener una igualdad. Así, por ejemplo, no es una ecuación la expresión: $2x + 3a + 5$.

• Tiene que contener incógnitas. Por tanto, no sería una ecuación la expresión: $2 + 30 - \sqrt{9} = 29$.

• La igualdad se tiene que cumplir solamente para algunos valores de las incógnitas, llamados **soluciones**. Por consiguiente, la expresión: $2x + x = 3x$ no es una ecuación, puesto que se cumple para cualquier valor que le demos a la incógnita. Este tipo de expresiones algebraicas reciben el nombre de **identidades**.

Los matemáticos griegos anteriores a Diofante de Alejandría (siglo III d.C.) no empleaban el álgebra pero, gracias a su gran ingenio, llegaron a plantear y resolver ecuaciones e identidades por procedimientos geométricos. Por ejemplo, la identidad: $(a + b)^2 = a^2 + b^2 + 2ab$. En la fotografía, templo griego en Selinunte (Sicilia).

LA ECUACIÓN DE SEGUNDO GRADO

El ayuntamiento de una localidad quiere destinar una parte de un terreno a la construcción de un parque rectangular. Su superficie ha de ser 60.000 m² y su perímetro, es decir, la suma de las longitudes de sus lados, 1.000 m. ¿Cuáles tienen que ser las dimensiones de dicho parque?

Para plantear este problema hay que tener en cuenta que los dos lados diferentes del rectángulo tienen que sumar 500 m, ya que constituyen juntos la mitad del perímetro. Por tanto, si llamamos x a uno de ellos, el otro será $500 - x$.

Por otra parte, la superficie de un rectángulo se obtiene multiplicando sus dos dimensiones. Por consiguiente: $x(500 - x) = 60.000$.

Eliminando el paréntesis, obtenemos finalmente una ecuación de segundo grado: $500x - x^2 = 60.000$.

Si dos cosas son iguales, su diferencia es cero: $500x - x^2 - 60.000 = 0$.

La ecuación de segundo grado se suele escribir comenzando por el término de segundo grado:
$-x^2 + 500x - 60.000 = 0$.

 En una identidad no tiene sentido calcular el valor de las incógnitas, ya que una identidad se cumple para cualquier valor. Si intentamos hacerlo ocurre lo siguiente:

$2x + x = 3x \Rightarrow$
$3x = 3x \Rightarrow$
$3x - 3x = 0 \Rightarrow$
$0 = 0$

EVOLUCIÓN DE LOS SISTEMAS DE NUMERACIÓN

Hindú (s. III a.C.)	— = ≡ ⼻ ⼙ ⼓ ⼛ ⼝ ?
Hindú (s. X d.C.)	⼲ ⼳ ⼴ ⼵ ⼶ ⼷ ⼸ ⼹ ⼺ 0
Árabe occidental (s. X)	1 2 3 4 5 6 7 8 9
Árabe oriental (s. X)	1 ⼻ ⼼ ⼽ 0 4 ⼾ ⼿ 9 0
Europeo (s. XV)	1 2 3 4 5 6 7 8 9 0

Una ecuación de segundo grado es una expresión que se puede reducir a la forma: $Ax^2 + Bx + C = 0$, donde A, B y C son números reales y A no vale cero, ya que, si así fuese, la ecuación sería de primer grado.

La palabra **álgebra** deriva de *Al-gabr*, título de una obra del matemático árabe al-Hwarizmi escrita en el siglo noveno de nuestra era.

RESOLUCIÓN DE LA ECUACIÓN DE SEGUNDO GRADO

Para obtener las soluciones de nuestro problema podemos ir tanteando con todas las parejas de números que sumen 500, hasta encontrar una cuyo producto sea 60.000, pero acabaremos mucho antes si aplicamos la fórmula:

$$x = \frac{-B \pm \sqrt{B^2 - 4 \cdot A \cdot C}}{2 \cdot A}$$

Como en nuestro caso $A = -1$, $B = 500$ y $C = -60.000$, tendremos:

$$x = \frac{-500 \pm \sqrt{500^2 - 4 \cdot (-1) \cdot (-60.000)}}{2 \cdot (-1)}$$

$$= \frac{-500 \pm \sqrt{250.000 - 240.000}}{-2}$$

La ecuación tiene pues dos posibles soluciones:

- $x_1 = \dfrac{-500 + 100}{-2} = \dfrac{-400}{-2} = 200$

- $x_2 = \dfrac{-500 - 100}{-2} = \dfrac{-600}{-2} = 300$

Fachada de las Escuelas Mayores, de estilo renacentista, en Salamanca (España).

Discriminante	Número de soluciones	Motivo
Positivo	Dos	De la raíz cuadrada de un número positivo se obtienen dos resultados opuestos.
Cero	Una	La raíz cuadrada de cero tiene un único resultado: cero.
Negativo	Ninguna	No existe ningún número real que elevado al cuadrado dé negativo. Por tanto, en este caso, la raíz no tiene ninguna solución.

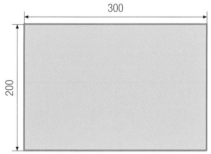

el ancho mide 200 m y el alto, 300 m

el ancho mide 300 m y el alto, 200 m

Las dos soluciones de la ecuación significan lo siguiente: como los dos lados suman 500 m, podremos orientar el parque de dos maneras.

En Europa, el álgebra se desarrolló en la época del Renacimiento, gracias sobre todo a los matemáticos italianos Tartaglia (a la izquierda) y Cardano (a la derecha) y al francés Viète.

Se llama discriminante de una ecuación de segundo grado a la expresión: $B^2 - 4 \cdot A \cdot C$. Según sea el discriminante, la ecuación tendrá una solución, dos o ninguna.

SISTEMAS DE ECUACIONES

Laura es fontanera. Debido a la escasez de este tipo de profesionales, frecuentemente tiene que efectuar reparaciones en ciudades cercanas. La primera semana de abril ha trabajado 20 horas en viviendas situadas fuera de su localidad y 64 en su ciudad y ha ganado 1.880 euros en total, mientras que la segunda semana ha trabajado 40 fuera y 36 en su ciudad, ganando 1.920 euros. ¿Sabrías calcular a cuánto cobra cada hora en su ciudad y cada hora en las localidades vecinas?

PLANTEAMIENTO

Tenemos que contestar a dos preguntas, por tanto, utilizaremos dos incógnitas:
x = precio de una hora de trabajo en otra localidad; y = precio de una hora de trabajo en su ciudad.

Multiplicando las horas trabajadas por el precio de cada hora, podemos calcular lo que ganó en la primera semana de abril:
$20x + 64y = 1.880$.

De la misma forma, calculamos lo que ganó la segunda semana:
$40x + 36y = 1.920$.

Tenemos que buscar el valor de las incógnitas para que se cumplan ambas ecuaciones. Entonces decimos que estamos trabajando con un **sistema** de dos ecuaciones con dos incógnitas y lo escribimos así:
$$\begin{cases} 20x + 64y = 1.880 \\ 40x + 36y = 1.920 \end{cases}$$

UNA MATRIZ ES UN CONJUNTO DE NÚMEROS ORDENADOS POR FILAS Y COLUMNAS

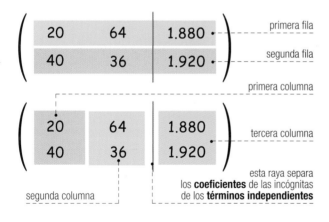

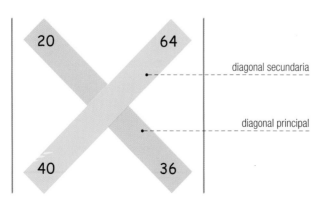

Para calcular el valor del determinante de orden 2 comenzamos multiplicando los números de la diagonal principal. A continuación, multiplicamos los números de la diagonal secundaria. Por último, restamos ambos resultados.

MÉTODO DE CRAMER

Tomamos únicamente los números y formamos la siguiente
matriz: $\begin{pmatrix} 20 & 64 & | & 1.880 \\ 40 & 36 & | & 1.920 \end{pmatrix}$. Entonces, con los números de la matriz construimos tres determinantes y resolvemos así el sistema:

$$x = \frac{\begin{vmatrix} 1.880 & 64 \\ 1.920 & 36 \end{vmatrix}}{\begin{vmatrix} 20 & 64 \\ 40 & 36 \end{vmatrix}} = \frac{1.880 \cdot 36 - 1.920 \cdot 64}{20 \cdot 36 - 40 \cdot 64} = \frac{-55.200}{-1.840} =$$
$= 30$ euros.

En el determinante del numerador, hemos sustituido la primera columna de la matriz por la tercera.

$$y = \frac{\begin{vmatrix} 20 & 1.880 \\ 40 & 1.920 \end{vmatrix}}{\begin{vmatrix} 20 & 64 \\ 40 & 36 \end{vmatrix}} = \frac{20 \cdot 1.920 - 40 \cdot 1.880}{20 \cdot 36 - 40 \cdot 64} = \frac{-36.800}{-1.840} =$$
$= 20$ euros.

En el determinante del numerador, hemos sustituido la segunda columna de la matriz por la tercera.

Introducción

La magia de
los números

Números
naturales

Números
enteros

Números
racionales

Números
reales

El sistema
métrico

Ecuaciones

La regla
de tres

Funciones

Geometría

Trigonometría

Estadística

Probabilidad

Retos de la
matemática

Índice
alfabético
de materias

PREPARANDO LAS VACACIONES

Álex está preparando sus próximas vacaciones. Ha realizado una consulta a través de Internet y ha averiguado que un hotel de la costa tiene treinta habitaciones, algunas de ellas dobles y otras sencillas, y que dispone de cuarenta camas en total. Álex se pregunta qué cantidad de habitaciones de cada tipo tiene el hotel. ¿Sabrías contestar a su pregunta?

A través de Internet, Álex está intentando averiguar el número de habitaciones de los distintos hoteles.

Al restar diez a los dos miembros de la ecuación, da la sensación de que el diez desaparece de la izquierda de la igualdad y aparece a la derecha. Por eso se dice que si un término está sumando en uno de los miembros de la ecuación, puede pasar al otro miembro restando y viceversa.

MÉTODO DE REDUCCIÓN

Llamando x al número de habitaciones sencillas e y al número de habitaciones dobles, obtenemos el sistema siguiente:

$$\begin{cases} x + y = 30 \\ x + 2y = 40 \end{cases}$$

La *Introducción al análisis de las curvas algebraicas*, publicada en 1750 por el matemático suizo Gabriel Cramer (1704-1752), constituye uno de los primeros tratados de geometría analítica.

El método de reducción, también llamado método de Gauss, consiste en eliminar una de las incógnitas. Con este fin, damos los pasos siguientes:

• Multiplicamos por –1 a la primera ecuación: $-x - y = -30$.

• Sumamos las dos ecuaciones:
$$\begin{array}{r} -x - y = -30 \\ x + 2y = 40 \\ \hline y = 10 \end{array}$$

• Sustituimos el valor obtenido en la primera ecuación: $x + 10 = 30$, para resolver esta ecuación restamos 10 a cada miembro: $x + 10 - 10 = 30 - 10$, es decir: $x = 30 - 10$ y finalmente $x = 20$.

El hotel tiene, por consiguiente, veinte habitaciones sencillas y diez dobles.

BUENAS ACCIONES

Pedro ha invertido un total de 200.000 euros en la compra de acciones de dos empresas. El año pasado las acciones de la primera empresa le proporcionaron unas ganancias equivalentes a la quinta parte de lo invertido y las de la segunda le rentaron una sexta parte. En total ganó 36.000 euros. Calcula el dinero invertido en cada una.

La bolsa es el mercado en el que se efectúan transacciones sobre valores mobiliarios o de mercancías.

MÉTODO DE SUSTITUCIÓN

Llamando x al dinero invertido en la primera empresa e y a la cantidad invertida en la segunda, obtenemos el sistema siguiente:

$$\begin{cases} x + y = 200.000 \\ \dfrac{x}{5} + \dfrac{y}{6} = 36.000 \end{cases}$$

Si multiplicamos la segunda ecuación por 30, que es el mínimo común múltiplo de los denominadores, obtenemos:

$$\frac{30x}{5} + \frac{30y}{6} = 30 \cdot 36.000$$

con lo que el sistema se convierte en:

$$\begin{cases} x + y = 200.000 \\ 6x + 5y = 1.080.000 \end{cases}$$

El método de sustitución consiste en:

• despejar una incógnita de la primera ecuación: $y = 200.000 - x$,

• sustituirla en la segunda:
$6x + 5(200.000 - x) = 1.080.000$.

Ahora sólo tenemos que resolver una ecuación con una incógnita.

Efectuamos el paréntesis:
$6x + 1.000.000 - 5x = 1.080.000$
es decir: $x + 1.000.000 = 1.080.000$,

y finalmente: $x = 1.080.000 - 1.000.000 = 80.000$ euros.

Una vez obtenido el valor de una de las incógnitas, lo sustituimos para hallar el de la otra: $y = 200.000 - x = 200.000 - 80.000 = 120.000$ euros.

Luego Pedro invirtió 80.000 euros en una empresa y 120.000 en la otra.

Nunca está de más comprobar las soluciones de un sistema. En nuestro caso, la primera ecuación se cumple, ya que:

$80.000 + 120.000 = 200.000$

y la segunda también:

$$\frac{80.000}{5} + \frac{120.000}{6} = 16.000 + 20.000 = 36.000$$

En buena parte, la marcha de la economía mundial se refleja en las bolsas. Las principales bolsas son: Nueva York, Londres, París, Frankfurt y Tokio.

LA FIESTA DE CUMPLEAÑOS

María y sus amigos celebraron el pasado sábado una fiesta de cumpleaños. Eran cuarenta en total. Al cabo de una hora se habían marchado diez chicos, por diversos motivos, con lo que el número de chicas pasó a ser el doble que el de chicos. ¿Cuántos chicos y chicas había en la fiesta inicialmente?

MÉTODO DE IGUALACIÓN

Llamando x al número de chicas e y al de chicos de la fiesta,

obtenemos el sistema siguiente: $\begin{cases} x + y = 40 \\ x = 2\,(y - 10) \end{cases}$

El método de igualación consiste en despejar la misma incógnita en las dos ecuaciones. Como en este caso, ya tenemos despejada la x en la segunda ecuación, despejaremos esa misma incógnita en la primera, con lo que el sistema resultante

es: $\begin{cases} x = 40 - y \\ x = 2y - 20 \end{cases}$

Ahora igualamos los dos valores:
$40 - y = 2y - 20$.

Si agrupamos las incógnitas, resulta:
$-y - 2y = -20 - 40$ es decir: $-3y = -60$.

Dividimos entre -3 a la ecuación:

$\dfrac{-3y}{-3} = \dfrac{-60}{-3}$ es decir:

$y = \dfrac{-60}{-3} = 20$, por lo tanto,

$x = 40 - y = 40 - 20 = 20$

Concluimos que asistieron a la fiesta 20 chicas y 20 chicos.

MÉTODOS DE RESOLUCIÓN DE PROBLEMAS

Cramer	Con los números de la matriz del sistema se forman tres determinantes.
Reducción	Se multiplica cada una de las ecuaciones por los números necesarios para que al sumarlas posteriormente, quede una sola ecuación con una incógnita.
Igualación	Se despeja la misma incógnita en las dos ecuaciones y se igualan los resultados.
Sustitución	Se despeja una incógnita en una ecuación y se sustituye el valor obtenido en la otra.

Al dividir entre -3 los dos miembros de la ecuación, da la sensación de que el tres desaparece de la izquierda de la igualdad y aparece a la derecha. Por eso se dice que si un término está multiplicando en uno de los miembros de la ecuación, puede pasar al otro miembro dividiendo y viceversa.

LA REGLA DE TRES Y SUS APLICACIONES

Mariona trabaja en una biblioteca. Una de sus ocupaciones consiste en introducir en el ordenador los datos de los libros nuevos que van llegando. Esta mañana ha dedicado 4 horas a rellenar los datos correspondientes a 48 libros. Su compañera Asunción ha calculado que, si hubiera tenido que ocuparse de 72 libros, habría empleado 6 horas. ¿Está en lo cierto?

PROPORCIONALIDAD DIRECTA

Asunción ha pensado en dos **magnitudes**: el número de libros y el tiempo empleado, y ha tenido en cuenta que, si Mariona tiene que ocuparse del doble de libros, tardará el doble de tiempo; si tiene que ocuparse del triple, tardará el triple, etc. Cuando esto ocurre, se dice que entre las dos magnitudes existe una proporcionalidad directa.

Un cociente entre dos números se llama **razón**. Si, por ejemplo, dos cantidades están en razón de cinco a dos, significa que una es dos veces y media mayor que la otra, ya que:

$\frac{5}{2} = 2,5$.

El ordenador de Mariona.

PROPORCIONES

Una proporción es la igualdad entre dos razones: $\frac{4}{6} = \frac{48}{72}$. En este ejemplo la igualdad se puede establecer porque la segunda razón se obtiene multiplicando por la misma cantidad al numerador y al denominador de la primera: $6 \cdot 12 = 72$; $4 \cdot 12 = 48$. Por consiguiente, las dos fracciones son equivalentes.

La propiedad fundamental de las proporciones es la siguiente: al multiplicar en cruz, obtenemos el mismo resultado: $6 \cdot 48 = 288$; $4 \cdot 72 = 288$.

Horas	Libros
4	48
6	x

La **regla de tres** es una técnica basada en la proporcionalidad, que permite encontrar una cantidad desconocida a partir de tres conocidas.

Una regla de tres equivale a una proporción: $\frac{4}{6} = \frac{48}{x}$. Si multiplicamos en cruz, obtenemos:

$4x = 48 \cdot 6 \Rightarrow x = \frac{48 \cdot 6}{4} = 72$ libros. Luego el razonamiento de Asunción es correcto.

Otra forma de resolver el problema es la siguiente: dividimos 48 libros entre 4 horas y obtenemos que en una hora, Mariona introduce los datos de 12 libros. Después, rellenamos la tabla multiplicando el 12 sucesivamente por 2, 3, 4, 5 y 6.

Horas	1	2	3	4	5	6
Libros	12	24	36	48	60	72

PROPORCIONALIDAD INVERSA

Supongamos ahora que Mariona hubiera contado con la ayuda de otra empleada dotada de una eficacia semejante. Para introducir los datos de los 48 libros, habrían tardado la mitad de tiempo. Por consiguiente, decimos que el número de empleados y el tiempo necesario para realizar el trabajo son inversamente proporcionales.

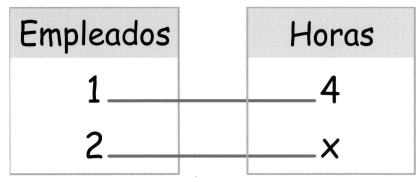

Empleados	Horas
1 ————————	4
2 ————————	x

Para resolver un problema de proporcionalidad inversa, se iguala una razón a la inversa de la otra:

$$\frac{1}{2} = \frac{x}{4} \Rightarrow x = \frac{1 \cdot 4}{2} = 2 \text{ horas.}$$

→ Un reparto inversamente proporcional a ciertas cantidades *A*, *B*, *C*, etc., equivale a un reparto directamente proporcional a sus inversos:

$$\frac{1}{A}, \frac{1}{B}, \frac{1}{C}, \text{ etc.}$$

El duro trabajo de
los socorristas.

Empleados	1	2	4	8
Horas	4	2	1	1/2

A medida que crece el número de empleados que realizan un trabajo semejante, disminuye el número de horas necesarias para llevarlo a cabo.

REPARTOS PROPORCIONALES

Ramiro, Ana y Pedro han trabajado el mes de julio pasado como socorristas en una piscina. Les han pagado en total 1.440 euros. Si Ramiro ha trabajado 48 horas; Ana, 80 y Pedro, 112, ¿cómo se tienen que repartir el dinero?

Lo primero es averiguar las horas trabajadas en total: $48 + 80 + 112 = 240$. Entonces, podemos plantear las siguientes reglas de tres directas:

• Sueldo de Ramiro:

$$\frac{240}{48} = \frac{1.440}{x} \Rightarrow x = \frac{48 \cdot 1.440}{240} = 288 \text{ euros.}$$

• Sueldo de Ana:

$$\frac{240}{80} = \frac{1.440}{x} \Rightarrow x = \frac{80 \cdot 1.440}{240} = 480 \text{ euros.}$$

• Sueldo de Pedro:

$$\frac{240}{112} = \frac{1.440}{x} \Rightarrow x = \frac{112 \cdot 1.440}{240} = 672 \text{ euros.}$$

REGLA DE TRES COMPUESTA

Para luchar contra un incendio, se han empleado 4 aviones que han sido capaces de arrojar en total 1.200 m³ de agua en 2 horas. ¿Cuántos aviones serían necesarios para lanzar 1.500 m³ en una hora?

En una regla de tres compuesta intervienen más de dos magnitudes, en este caso tres: el número de aviones, la cantidad de agua lanzada y el tiempo empleado.

A mayor número de aviones, mayor cantidad de agua. Luego, entre las dos primeras se puede establecer una proporcionalidad directa. En cambio, cuanto más aviones se empleen, menos tiempo se tardará en arrojar la misma cantidad de agua. Por consiguiente, las dos últimas son inversamente proporcionales.

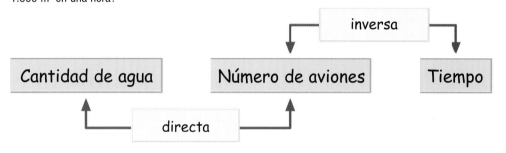

Número de aviones	Cantidad de agua
4	1.200
x	1.500

Número de aviones	Tiempo
5	2
x	1

Calculamos, en primer lugar, cuántos aviones serían precisos para arrojar 1.500 m³ de agua, suponiendo que también trabajaran dos horas:

$$\frac{4}{x} = \frac{1.200}{1.500} \Rightarrow x = \frac{4 \cdot 1.500}{1.200} = 5 \text{ aviones.}$$

Ahora calculamos cuántos aviones serían necesarios para hacer el mismo trabajo en una hora. Como la regla de tres es inversa:

$$\frac{5}{x} = \frac{1}{2} \Rightarrow x = \frac{2 \cdot 5}{1} = 10 \text{ aviones.}$$

TANTO POR CIENTO

El uno de enero del año pasado estaba en paro el doce por ciento de la población activa de un país, que asciende a 32 millones de personas. ¿Cuántos parados había en dicho país?

El tanto por ciento es un caso particular de proporción. Se trata de calcular el número de personas sin empleo, sabiendo que de cada 100, doce no tienen trabajo. Por tanto, hay que resolver la regla de tres siguiente:

$$\frac{100}{12} = \frac{32}{x} \Rightarrow x = \frac{12 \cdot 32}{100} \Rightarrow \frac{12}{100} \cdot$$
$$\cdot 32 = 0,12 \cdot 32 = 3,84 \text{ millones. Es}$$
decir, 3.840.000 personas.

Introducción

La magia de
los números

Números
naturales

Números
enteros

Números
racionales

Números
reales

El sistema
métrico

Ecuaciones

**La regla
de tres**

Funciones

Geometría

Trigonometría

Estadística

Probabilidad

Retos de la
matemática

Índice
alfabético
de materias

PORCENTAJE DE AUMENTO

Si el número de parados aumentó un 3 % el pasado año, ¿cuántos parados había el uno de enero del presente año?

Se trata de aumentar la cantidad 3.840.000 en un 3 %. Es decir:

$$3.840.000 + \frac{3}{100} \cdot 3.840.000 =$$

$$= 3.955.200 \text{ parados.}$$

→ Para indicar un porcentaje se emplea el símbolo %. Por ejemplo, un doce por ciento se escribe 12 %.

→ Para calcular rápidamente a qué equivale el 12 % de una cantidad, basta con multiplicarla por el factor 0,12.

PORCENTAJE DE DISMINUCIÓN

Según las previsiones, durante el presente año el número de personas sin empleo disminuirá un 3 %. ¿Qué cantidad de parados habrá el uno de enero del año próximo?

Si el número de personas sin empleo disminuye un 3 %, a comienzos del año que viene, de cada cien personas sólo estarán en paro 97. Por tanto, tenemos que calcular el 97 % de la cantidad

inicial: $\frac{97}{100} \cdot 3.955.200 =$

$= 0,97 \cdot 3.955.200 = 3.836.544$ parados.

Un aumento del 3 % se puede calcular rápidamente multiplicando la cantidad inicial por el factor 1,03. Comprobémoslo en nuestro caso: $1,03 \cdot 3.840.000 = 3.955.200$.

Se podría pensar que, como partimos de 3.840.000 parados, aumentamos un 3 % esta cifra y la disminuimos otro 3 % después, terminaríamos con 3.840.000 personas sin empleo. No es cierto. La razón es sencilla: el primer 3 % se aplica a 3.840.000 y el segundo, a 3.955.200. La disminución es pues mayor que el aumento y llegamos a una cantidad menor que la inicial.

Cálculo del 5 %	Multiplicar la cantidad inicial por 0,05.
Aumento del 5 %	Multiplicar la cantidad inicial por 1,05.
Disminución del 5 %	Multiplicar la cantidad inicial por 0,95.

CRÉDITOS E HIPOTECAS

A José le ha tocado un premio de un millón de euros en la lotería. Un banco le ofrece un **tipo de interés compuesto** del 3 %. Esto significa que la cantidad depositada, llamada **capital**, aumentará al cabo de un año un 3%, porcentaje que, como sabemos, equivale a multiplicar por 0,03 la cantidad de dinero. Este número decimal se llama **rédito**. Cuanto más tiempo tenga José el dinero en el banco, el capital final será mayor. Se llama **interés** a la diferencia entre el capital final y el inicial.

INTERÉS COMPUESTO

¿Qué cantidad tendrá José en el banco al cabo de tres años? Para contestar a esta pregunta podemos ir construyendo una tabla de interés compuesto o bien aplicar la fórmula de dicho interés:

$C = 1.000.000 \cdot (1 + 0,03)^3 =$
$= 1.092.727$ euros.

Como los intereses se van acumulando al capital, el 3 % se aplica a cantidades mayores de dinero cada vez. Por consiguiente, el interés compuesto que el dinero produce anualmente no es constante, sino que cada vez es mayor.

INTERÉS SIMPLE

Aunque los bancos y las cajas de ahorro normalmente utilizan el interés compuesto, existe otro tipo de interés, llamado interés simple, que se caracteriza fundamentalmente por una propiedad: los intereses generados cada año no se acumulan al capital, sino que son siempre los mismos. Esto significa que si José deposita un millón de euros a un interés simple del 3 %, el banco le dará cada año 30.000 euros. Por tanto, los intereses acumulados durante los tres años ascenderán a 90.000 euros y el capital final será 1.090.000 euros.

Bombos para la realización de un sorteo (derecha) y el billete de la suerte de José (izquierda).

Una misma cantidad de dinero produce menos intereses si se deposita a interés simple que a interés compuesto.

Cajero automático de un banco.

Año	Capital al inicio del año	Interés compuesto	Capital acumulado al finalizar el año
1	1.000.000	30.000	$1.030.000 = 1.000.000 \cdot 1,03$
2	1.030.000	30.900	$1.060.900 = 1.000.000 \cdot 1,03^2$
3	1.060.900	31.827	$1.092.727 = 1.000.000 \cdot 1,03^3$

Año	Capital al inicio del año	Interés simple	Capital acumulado al finalizar el año
1	1.000.000	30.000	$1.030.000 = 1.000.000 + 30.000$
2	1.030.000	30.000	$1.060.000 = 1.000.000 + 2 \cdot 30.000$
3	1.060.000	30.000	$1.090.000 = 1.000.000 + 3 \cdot 30.000$

PLANES DE INVERSIÓN

Laura es muy previsora. Sabe que, cuando se jubile, la pensión que cobrará será bastante menor que su sueldo actual. Por este motivo decide ahorrar 10.000 euros cada año e invertirlos en un banco que le ofrece un 5,5 % de interés anual garantizado. Actualmente le faltan 30 años para jubilarse. Cuando lo haga, ¿en qué cantidad se habrán convertido sus ahorros?

La cantidad ahorrada cada año se llama **anualidad de capitalización**. El capital final se calcula así:

$$C = \frac{10.000 \cdot (1{,}055^{31} - 1{,}055)}{0{,}055} =$$

$$= 764.194{,}29 \text{ euros.}$$

Si Laura hubiera guardado el dinero en su casa, en el momento de jubilarse sólo tendría:

$$10.000 \cdot 30 = 300.000 \text{ euros.}$$

Los planes de inversión permiten obtener un suplemento al sueldo de jubilación.

DIFERENCIA ENTRE INTERÉS COMPUESTO Y ANUALIDADES

La diferencia entre José y Laura o, si lo prefieres, entre el interés compuesto y las anualidades consiste en que José deposita su dinero en el banco de golpe, mientras que Laura va depositando una parte cada año. Esto significa que su primera anualidad produce intereses compuestos durante 30 años; pero la segunda, sólo durante 29; la tercera, durante 28 y así sucesivamente.

HIPOTECAS

Ernesto se ha comprado un piso, pero como no tenía dinero suficiente, ha pedido una hipoteca de un millón de euros a un banco a devolver en 20 años. El tipo de interés anual es fijo: el 4 %. ¿Qué cantidad de dinero tiene que devolver Ernesto cada año al banco?

Una hipoteca es un préstamo que nos hace una entidad bancaria para que podamos pagar el precio de una vivienda. Cuando un banco nos presta dinero, tenemos que devolver esa cantidad más los intereses correspondientes. La devolución de una hipoteca no se hace al final del plazo pactado, sino que cada año se devuelve una parte. La cantidad devuelta se denomina **anualidad de amortización** y se calcula así:

$$a = \frac{1.000.000 \cdot 1{,}04^{20} \cdot 0{,}04}{1{,}04^{20} - 1} = 73.581{,}75 \text{ euros.}$$

¿ MERECE LA PENA PEDIR UNA HIPOTECA?

Ernesto ha devuelto al banco en total 73.581,75 · 20 = 1.471.635 euros. Ha pagado pues 1.471.635 − 1.000.000 = 471.635 euros en concepto de intereses. Pero aún así, la operación seguramente habrá sido rentable para él, ya que el aumento del valor de la vivienda en esos 20 años habrá sido muy superior.

El alto costo de las viviendas obliga a pedir una hipoteca a un banco.

FUNCIONES Y GRÁFICAS

Laura está realizando sus estudios y, con el fin de ganar algún dinero, compagina esta actividad con la de canguro. Cada hora que está cuidando niños cobra cinco euros. Sin duda existe una relación entre el número de horas trabajadas y la cantidad de euros cobrados. Podemos expresar entonces el dinero que gana Laura, medido en euros, en **función** del tiempo trabajado, medido en horas.

VARIABLES Y FÓRMULAS

Para representar la relación existente entre dos cosas, empleamos dos variables, es decir, dos letras en las que podemos sustituir números. Una, en nuestro ejemplo las horas trabajadas, se llama **variable independiente** y se representa generalmente con la letra x. La otra, que se representa con la letra y, recibe el nombre de **variable dependiente**. En nuestro caso es el dinero que Laura ha cobrado y que depende de la cantidad de horas trabajadas.

Utilizando estas dos variables, podemos traducir la expresión que define la función: «cada hora que está cuidando niños cobra cinco euros» a una fórmula matemática: $y = 5x$.

El filósofo y matemático alemán Gottfried Wilhelm Leibniz (1646-1716).

El matemático suizo Leonhard Euler (1707-1783).

RELACIONES Y FUNCIONES

Una relación entre dos cosas será una función siempre que cumpla dos condiciones:

• Ambas se tienen que poder expresar con números reales.

• A cada valor de la variable independiente le tiene que corresponder un único valor de la variable dependiente. Así, por ejemplo, si Laura ha trabajado tres horas, tiene que cobrar quince euros y no puede cobrar ninguna otra cantidad.

LA FÓRMULA DE LA FUNCIÓN

El término **función** fue utilizado por primera vez por el filósofo y matemático alemán G.W. Leibniz, en 1673.

La fórmula de la función también puede escribirse así: $f(x) = 5x$. El matemático suizo Leonhard Euler ideó el símbolo $f(x)$ en 1748. Para expresar, por ejemplo, que Laura ha trabajado tres horas y ha cobrado 15 euros, escribimos lo siguiente: $f(3) = 5 \cdot 3 = 15$.

Laura se paga sus estudios haciendo de canguro.

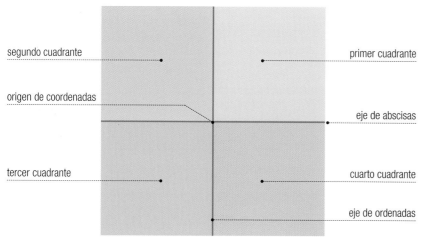

segundo cuadrante

origen de coordenadas

tercer cuadrante

primer cuadrante

eje de abscisas

cuarto cuadrante

eje de ordenadas

Para poder dibujar la gráfica de una función, tenemos que disponer de un sistema de **ejes de coordenadas**. Se trata de dos rectas perpendiculares. La horizontal se llama eje de **abscisas** y la vertical, eje de **ordenadas**.

x: (años)	−3	−2	−1	0	1	2	3
y: (millones de euros)	5	0	−3	−4	−3	0	5

TABLAS DE VALORES

También se puede definir una función por medio de una tabla que relacione los valores de la variable independiente con los valores de la variable dependiente. Una tabla puede expresar, por ejemplo, los beneficios obtenidos por una empresa de automóviles. Los valores de la variable x corresponden al tiempo, medido en años, tomando como origen el año 2000. De esta manera el cero es el año 2000, el −2 es el año 1998 y el 3 es el 2003. Los valores de la variable y corresponden a las ganancias de la empresa o a sus pérdidas, si el valor es negativo. El par formado por el cero y el −4, por ejemplo, indica que el año 2000 la empresa tuvo unas pérdidas de 4 millones de euros.

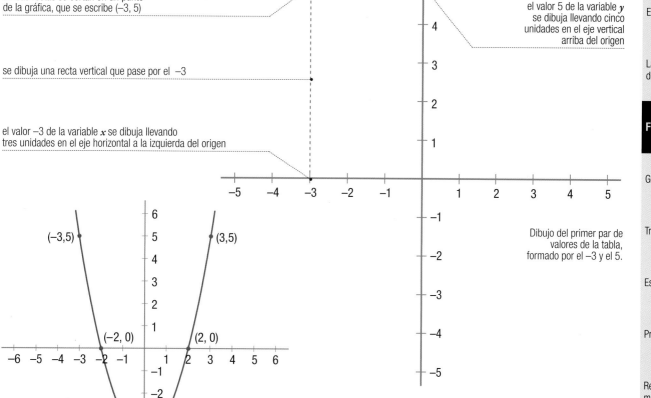

se dibuja una recta horizontal que pase por el 5

ambas rectas se cortan en un punto de la gráfica, que se escribe (−3, 5)

el valor 5 de la variable y se dibuja llevando cinco unidades en el eje vertical arriba del origen

se dibuja una recta vertical que pase por el −3

el valor −3 de la variable x se dibuja llevando tres unidades en el eje horizontal a la izquierda del origen

Dibujo del primer par de valores de la tabla, formado por el −3 y el 5.

Al unir entre sí los puntos correspondientes a los valores de la tabla, se forma la gráfica de la función.

Los matemáticos de la antigua Mesopotamia ya usaban tablas de valores. Se han encontrado algunas del siglo IV a.C. que contienen datos que se utilizaban en astronomía.

LA FUNCIÓN LINEAL

En este mercado oriental, en un día determinado cada kilogramo de judías verdes se vende al equivalente de dos euros; la fórmula matemática que expresa el valor en euros de una venta en función del número de kilogramos vendidos es: $y = 2x$. Una función de este tipo recibe el nombre de **función lineal**.

GRÁFICA DE LA FUNCIÓN LINEAL

Hemos llamado x a la cantidad de kilogramos vendidos e y a la cantidad de euros que el vendedor recibirá por su venta. Sustituyendo los números 0, 1, 2, 3 y 4 en la variable x, obtendremos una tabla de valores. Para dibujar la gráfica, bastará con llevar los pares (0, 0); (1, 2); (2, 4), etc., a los ejes de coordenadas y unir los puntos obtenidos. La gráfica de una función de este tipo es una línea recta que pasa por el origen de coordenadas. De ahí el nombre de función lineal.

PENDIENTE DE UNA RECTA

En la tabla de valores vemos que cada vez que la x aumenta una unidad la y aumenta dos. Entonces decimos que la pendiente de la recta es dos. La pendiente coincide con el **coeficiente** de la x, es decir, con el número que va delante de la x en la fórmula de la función $y = 2x$. Cuanto mayor es dicho número, mayor es la inclinación de la recta.

Kilogramos de judías vendidos: x	0	1	2	3	4
Valor de la venta en euros: y	0	2	4	6	8

¿Qué sentido tendría vender –5 kilogramos? Ninguno. En este caso no podemos dar a la x valores negativos. El conjunto de valores que podemos dar a la variable independiente se llama **dominio de la función**. En este ejemplo, está formado por el cero y los números reales positivos, conjunto que se suele escribir R⁺.

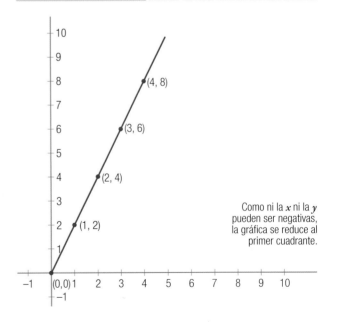

Como ni la x ni la y pueden ser negativas, la gráfica se reduce al primer cuadrante.

Es muy importante descubrir la fórmula matemática de una función, ya que así podemos sustituir cualquier valor de la variable independiente. Si se ha realizado, p. ej., una venta de dos kilogramos y cuarto, haríamos $y = 2 \cdot 2{,}25 = 4{,}50$. El punto correspondiente al par (2,25; 4,50) también estaría situado sobre la recta.

¿Podría cobrar el vendedor –20 euros por una venta de judías verdes? No. El conjunto de valores que se obtienen en la variable dependiente se llama **recorrido de la función**. En este caso coincide también con R⁺.

LA FUNCIÓN AFÍN

Aunque en la mayoría de los países la temperatura se mide en grados centígrados, en algunos se mide en grados Fahrenheit. La fórmula que permite expresar en grados Fahrenheit una determinada cantidad de grados centígrados es: $y = 1,8x + 32$.

Una función de este tipo se llama función afín. Si damos valores a la variable x, construimos la tabla correspondiente y dibujamos la gráfica, veremos que la recta obtenida corta al eje vertical en el valor 32. Dicho valor se llama **ordenada en el origen** y coincide con el **término independiente** de la fórmula de la función, es decir, el término que no lleva x.

Grados centígrados: x	−20	0	10
Grados Fahrenheit: y	−4	32	50

pendiente de la recta

$$y = \boxed{1,8} \quad x \quad + \quad \boxed{32}$$

ordenada en el origen

En las zonas desérticas, la temperatura diurna puede alcanzar los 50 grados centígrados. Esta temperatura equivale a $y = 1,8 \cdot 50 + 32 = 122$ grados Fahrenheit.

La función lineal es un caso particular de la función afín, que se produce cuando la ordenada en el origen vale cero. Por ejemplo: $y = 2x + 0 = 2x$.

En algunas zonas de montaña se alcanzan con frecuencia temperaturas inferiores a −4 grados Fahrenheit.
Para convertir esta cantidad en grados centígrados, haríamos lo siguiente:
$-4 = 1,8x + 32$, de donde: $-4 - 32 = 1,8x$ y finalmente:
$x = \dfrac{-4 - 32}{1,8} = \dfrac{-36}{1,8} = -20\,°C$.

ordenada en el origen

(gráfica: $f(x)$, puntos $(10, 50)$, $(0, 32)$, $(-20, -4)$)

LA FUNCIÓN CUADRÁTICA

Santiago quiere comprar una parcela cuadrada para construir una casa. Según la normativa municipal, no se puede edificar a menos de diez metros de las lindes este y oeste, que dan a dos calles, ni a menos de cinco metros de las lindes norte y sur, que limitan con las parcelas vecinas.

Para expresar la superficie del rectángulo construible, y, en función de la longitud del lado de la parcela, x, hay que tener en cuenta que el área de un rectángulo se calcula multiplicando sus dos lados diferentes: $y = (x - 20)(x - 10)$. Multiplicando, obtenemos: $y = x^2 - 10x - 20x + 200$, es decir: $y = x^2 - 30x + 200$.

GRÁFICA DE LA FUNCIÓN CUADRÁTICA

Se llama función de segundo grado o función cuadrática a una función del tipo $y = Ax^2 + Bx + C$, donde A es un número real distinto de cero. En nuestro caso tenemos $A = 1$, $B = -30$, $C = 200$.

Para obtener la gráfica de la función, construimos una tabla de valores y unimos los puntos correspondientes. Vemos que se trata de una parábola. El valor mínimo de la y es -25 y se obtiene cuando x vale 15. Se dice que el punto $(15, -25)$ es el **vértice** de la parábola.

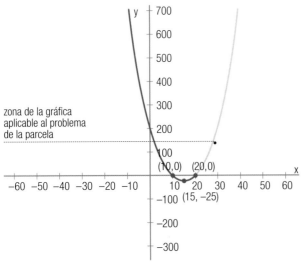

El terreno que quiere comprar Santiago.

superficie edificable

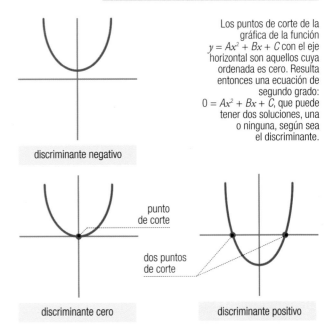

x	-10	-5	0	5	10	15	20	25	30	35	40
y	600	375	200	75	0	-25	0	75	200	375	600

La abscisa del vértice de una parábola se puede calcular con la expresión: $x = \dfrac{-B}{2A}$, en nuestro caso, $x = \dfrac{-(-30)}{2 \cdot 1} = 15$.

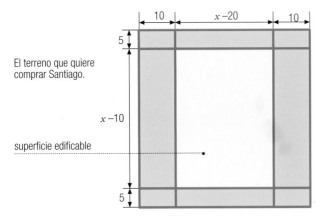

zona de la gráfica aplicable al problema de la parcela

$(10,0)$ $(20,0)$

$(15, -25)$

discriminante negativo

Los puntos de corte de la gráfica de la función $y = Ax^2 + Bx + C$ con el eje horizontal son aquellos cuya ordenada es cero. Resulta entonces una ecuación de segundo grado: $0 = Ax^2 + Bx + C$, que puede tener dos soluciones, una o ninguna, según sea el discriminante.

punto de corte

dos puntos de corte

discriminante cero

discriminante positivo

Matemáticamente hablando, el dominio de la función $y = x^2 - 30x + 200$ se extiende a todos los números reales, pero su recorrido se reduce a los números superiores o iguales a -25. Ahora bien, cuando aplicamos esta función al caso concreto de la parcela, el dominio se reduce a los valores superiores a 20, puesto que si el lado de la parcela fuera menor que 20, al restarle 20 metros, resultaría que el lado del rectángulo construible sería negativo, lo cual no tiene sentido.

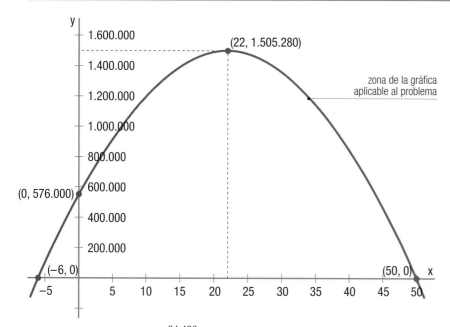

El vértice de la parábola es: $x = \dfrac{-84.480}{2 \cdot (-1.920)} = 22$. Esto significa que el momento más indicado para vender es al cabo de 22 semanas de la recolección, momento en el que se obtendrán 1.505.280 euros por la venta de las naranjas.

x	−6	0	10	22	40	50
y	0	576.000	1.228.800	1.505.280	883.200	0

Introducción

La magia de los números

Números naturales

Números enteros

Números racionales

Números reales

El sistema métrico

Ecuaciones

La regla de tres

Funciones

Geometría

Trigonometría

Estadística

Probabilidad

Retos de la matemática

Índice alfabético de materias

EL PROBLEMA DEL ALMACENAMIENTO

Una cooperativa agraria ha recolectado 800 toneladas de naranjas que puede vender actualmente a 720 euros la tonelada, obteniendo 576.000 euros. La cooperativa ha calculado que, si almacena las naranjas, cada semana se estropearán 16 toneladas, pero, en cambio, el precio de la tonelada aumentará 120 euros. ¿Cuál es el momento más indicado para vender las naranjas?

Llamemos x a las semanas transcurridas desde la recolección. Entonces:

• Peso de las naranjas en buen estado: $800 - 16x$ toneladas.

• Precio de la tonelada de naranjas: $720 + 120x$ euros.

Llamemos y al dinero que se obtendrá con la venta. Se calculará multiplicando el precio de cada tonelada por la cantidad de toneladas: $y = (800 - 16x) \cdot (720 + 120x)$. Multiplicando, obtenemos la función cuadrática: $y = -1.920x^2 + 84.480x + 576.000$. Para dibujar la gráfica de la función, construimos una tabla de valores y unimos los puntos correspondientes.

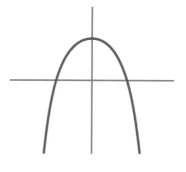

A negativo

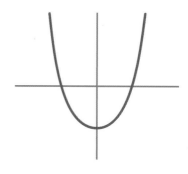

A positivo

Forma de la parábola según que el coeficiente A del término x^2 sea negativo o positivo.

LA FUNCIÓN EXPONENCIAL

En un determinado país el número de usuarios de Internet se ha duplicado cada año. En este momento un millón de personas utilizan la red. Si continúa produciéndose este fenómeno, ¿cuántos usuarios habrá dentro de tres años?

UNA FUNCIÓN QUE CRECE RÁPIDAMENTE

Si llamamos x al tiempo en años, siendo $x = 0$ el momento actual, e y a la cantidad de personas que utilizan los servicios de Internet, expresada en millones, tenemos que:

- El año que viene habrá:
$1 \cdot 2 = 2$ millones.

- El año siguiente:
$2 \cdot 2 = 2^2 = 4$ millones.

- Dentro de tres años:
$4 \cdot 2 = 2^3 = 8$ millones

y así sucesivamente. Por tanto, el número de usuarios se puede expresar en función del tiempo mediante la fórmula: $y = 2^x$. Este tipo de funciones en las que la variable independiente está en el exponente se llaman funciones exponenciales. Si construimos una tabla de valores y unimos los puntos obtenidos, podremos dibujar la gráfica de la función.

Internet ya está en las escuelas, en los hogares, en las oficinas... en todas partes, conectando nuestro planeta.

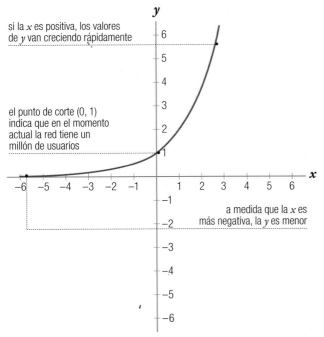

si la x es positiva, los valores de y van creciendo rápidamente

el punto de corte (0, 1) indica que en el momento actual la red tiene un millón de usuarios

a medida que la x es más negativa, la y es menor

La diferencia entre las funciones $y = 1{,}03^x$ e $y = e^{0{,}03x}$ sólo es apreciable para valores grandes de x.

EL CRECIMIENTO CONTINUO

El índice de precios al consumo es un indicador del aumento de los precios en su conjunto. Supongamos que en un país determinado se ha mantenido constante en los últimos años alrededor del 3%. De seguir así, si tomamos como uno el índice de precios del año en curso, el año próximo valdrá: $1 + 1 \cdot 0{,}03 = 1{,}03$. Sabemos que para aumentar una cantidad un 3%, basta con multiplicarla por 1,03. Por tanto, dentro de dos años será $1{,}03^2$ y en general el índice se expresará mediante la función $y = 1{,}03^x$.

Ahora bien, los precios no crecen de golpe al final del año, sino que van creciendo de forma continua a lo largo del mismo, por lo que en este caso será más adecuado utilizar la función exponencial $y = e^{0{,}03x}$, que se emplea para estudiar fenómenos con un crecimiento continuo del 3%.

Podemos dar valores y hacer una tabla comparativa de las dos funciones exponenciales.

EL NÚMERO e

Al igual que el número π, que expresa la relación existente entre la longitud de una circunferencia y la de su diámetro, el número e es un número irracional con infinitas cifras decimales no periódicas que tiene una gran importancia matemática. Su valor aproximado es: 2,7182818...

x	1	10	20	100	200
$y = e^{0,03x}$	1,03	1,34	1,81	19,22	369,36
$y = 1,03^x$	1,03	1,35	1,82	20,01	403,43

Los logaritmos se emplean para calcular el pH con el que medimos el grado de acidez de una disolución.

LOGARITMOS

Volvamos al asunto de los usuarios de Internet. Si queremos calcular, por ejemplo, en qué fecha se alcanzará la cifra de 5.656.854 usuarios, tenemos que resolver la ecuación: $2^x = 5,656854$ millones. En este tipo de problemas a los exponentes se les llama **logaritmos**. La frase: «x es el exponente al que hay que elevar la base 2 para obtener el número 5,656854» se traduce pues al lenguaje matemático mediante la expresión: «cuál es el logaritmo en base dos de 5,656854», que se escribe abreviadamente $x = \log_2 5,656854$.

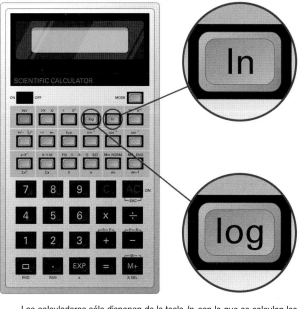

Las calculadoras sólo disponen de la tecla *In*, con la que se calculan los logaritmos en base e, llamados **neperianos**, y la tecla *log*, con la que se calculan los logaritmos en base 10, llamados **decimales**. Pero podemos calcular el logaritmo en base 2 de la siguiente forma:

$$\log_2 5,656854 = \frac{\ln 5,656854}{\ln 2} = \frac{1,7328679}{0,6931471} = 2,5.$$

Es decir, se alcanzará la cifra de 5.656.854 usuarios dentro de dos años y medio.

La magnitud de los terremotos se mide utilizando la escala de Richter, que depende del logaritmo de la energía liberada por el terremoto.

ELEMENTOS DE LA GEOMETRÍA PLANA

Observando nuestro entorno, descubriremos multitud de formas geométricas. Algunas de ellas, como los rectángulos o las circunferencias, son planas, mientras que otras, como las esferas o los prismas, tienen volumen. Las figuras geométricas planas están basadas en dos elementos fundamentales: el punto y la recta.

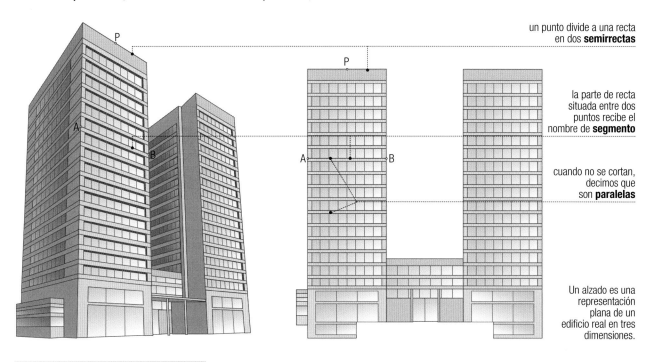

un punto divide a una recta en dos **semirrectas**

la parte de recta situada entre dos puntos recibe el nombre de **segmento**

cuando no se cortan, decimos que son **paralelas**

Un alzado es una representación plana de un edificio real en tres dimensiones.

ÁNGULOS

Un ángulo es la porción del plano limitada por dos semirrectas que tienen un origen común. Dichas semirrectas reciben el nombre de lados del ángulo.

Decimos que un ángulo es **recto**, si es la mitad de un ángulo llano. Las rectas que contienen a los dos lados de un ángulo recto se llaman **perpendiculares**.

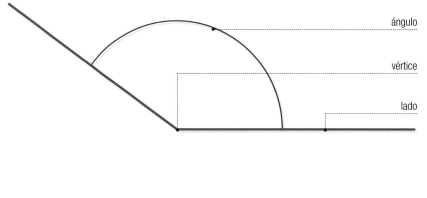

ángulo

vértice

lado

EL GRADO SEXAGESIMAL

El sistema de unidades más empleado para medir ángulos es el sexagesimal. Su unidad fundamental es el **grado**, que se define como la noventava parte de un ángulo recto. Dicho ángulo tiene pues noventa grados sexagesimales (se escribe abreviadamente 90°). Un ángulo llano mide 180°.

Un ángulo se llama **llano** cuando sus dos lados están en la misma recta y en sentidos opuestos.

Un ángulo se llama **cóncavo** si es mayor que uno llano. En caso contrario, se dice que es **convexo**. Los ángulos convexos menores que un ángulo recto se denominan **agudos**, mientras que los que son mayores que un ángulo recto, pero menores que uno llano reciben el nombre de **obtusos**.

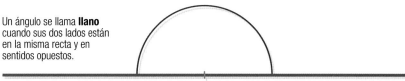

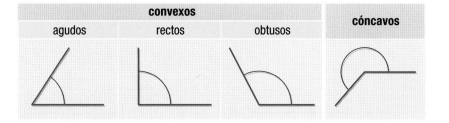

convexos			cóncavos
agudos	rectos	obtusos	

Introducción

La magia de
los números

Números
naturales

Números
enteros

Números
racionales

Números
reales

El sistema
métrico

Ecuaciones

La regla
de tres

Funciones

Geometría

Trigonometría

Estadística

Probabilidad

Retos de la
matemática

Índice
alfabético
de materias

POLÍGONOS

Un **polígono** es la región cerrada del plano limitada por un conjunto de segmentos, llamados lados. Dos lados consecutivos se cortan en un punto llamado **vértice**.

El segmento que une el centro del polígono con el punto medio de uno de sus lados se llama **apotema**.

PARTES DE UN POLÍGONO

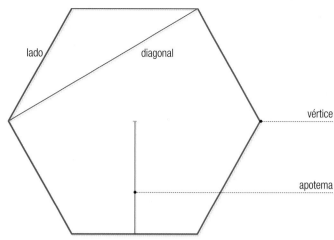

lado   diagonal

vértice

apotema

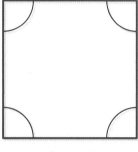

polígono regular

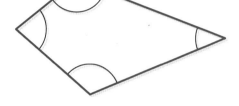

polígono irregular

DIAGONALES

Se llama **diagonal** de un polígono a todo segmento que une dos vértices no consecutivos. El número de diagonales de un polígono viene dado por la fórmula $\frac{n(n-3)}{2}$, donde n es el número de lados. Por ejemplo, un pentágono tendrá $\frac{5 \cdot (5-3)}{2} = 5$ diagonales.

Un polígono se llama **regular** si todos sus lados son iguales y todos sus ángulos también lo son. En caso contrario se dice que es **irregular**.

Se llama perímetro de un polígono a la suma de las longitudes de sus lados.

nº de lados	nombre	figura	nº de lados	nombre	figura
3	triángulo		8	octógono	
4	cuadrilátero		9	eneágono	
5	pentágono		10	decágono	
6	hexágono		11	endecágono	
7	heptágono		12	dodecágono	

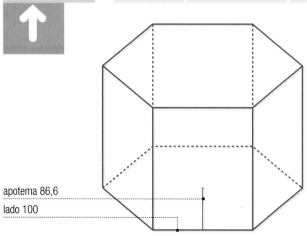

apotema 86,6

lado 100

SUPERFICIE DE UN POLÍGONO REGULAR

La superficie de un polígono regular se obtiene multiplicando el perímetro por la apotema y dividiendo entre dos al resultado obtenido: $S = \frac{p \cdot a}{2}$

Por ejemplo, para calcular la superficie que ocupa un edificio con la forma de un hexágono regular de cien metros de lado y 86,6 metros de apotema, haremos lo siguiente:
el perímetro será: $6 \cdot 100 = 600$ m.

La superficie será: $S = \frac{600 \cdot 86,6}{2} = 25.980$ m².

CUADRILÁTEROS

Ana practica la natación. Se entrena en una piscina de veinticinco metros de largo y de ocho metros de ancho con forma rectangular. Supongamos que queremos calcular la superficie de la piscina. El **rectángulo** se puede subdividir en ocho filas de cuadrados de un metro de lado. Cada fila contendrá veinticinco cuadrados. La superficie de cada uno de ellos será un metro cuadrado. En total habrá 25 · 8 = 200 cuadrados. Por tanto la superficie del rectángulo es 200 m².

Para calcular el área de un rectángulo basta con multiplicar su base por su altura: $S = b \cdot h$

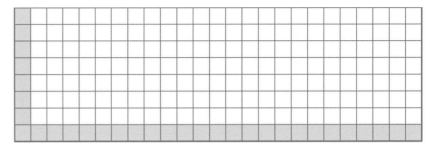

☐ 1 m²

CLASIFICACIÓN DE LOS CUADRILÁTEROS

trapecios
tienen dos lados paralelos, llamados bases, y otros dos no paralelos

trapezoides
no tienen lados paralelos

paralelogramos
tienen los lados paralelos dos a dos

trapecio isósceles
tiene los lados no paralelos iguales

cuadrado
tiene los cuatro lados iguales y los cuatro ángulos rectos

rombo
tiene los cuatro lados iguales, pero sus ángulos no son rectos

trapecio rectángulo
uno de los lados no paralelos es perpendicular a los otros dos

rectángulo
tiene los lados iguales dos a dos y los cuatro ángulos rectos

romboide
tiene los lados iguales dos a dos, pero los ángulos no son rectos

Un **paralelogramo** es un polígono de cuatro lados paralelos dos a dos, como las fachadas de estos edificios de Madrid (España).

Tanto la longitud de la base, como la de la altura de un **cuadrado** coinciden con la longitud del lado. Por tanto, la superficie de un cuadrado es: $S = b \cdot h = l \cdot l = l^2$

en el caso del rectángulo la altura coincide con uno de sus lados, pero no ocurre lo mismo con el paralelogramo

Como el triángulo de la izquierda tiene la misma superficie que el triángulo de la derecha, el rectángulo *ABCD* y el paralelogramo *AEFD* tienen la misma superficie: $S = b \cdot h$.

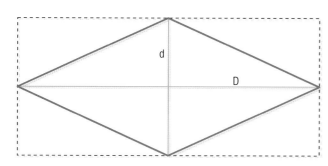

Queremos calcular la altura de este **rombo**, a partir de los datos siguientes: su lado mide cinco metros, y sus diagonales, ocho y seis metros. Por una parte, a partir del rombo, podemos generar un rectángulo con el doble de superficie, tal que la base del rectángulo coincida con la diagonal mayor del rombo y la altura con la diagonal menor. Por tanto, el área del rectángulo será: $S = D \cdot d$ y la del rombo: $S = \dfrac{D \cdot d}{2}$. En nuestro caso:
$S = \dfrac{8 \cdot 6}{2} = 24$ m².

Por otra parte, como el rombo es un caso particular de paralelogramo, su superficie será: $S = b \cdot h$
En el problema que nos ocupa: 24 m² $= 5 \cdot h$
De donde finalmente $h = \dfrac{24}{5} = 4{,}8$ m.

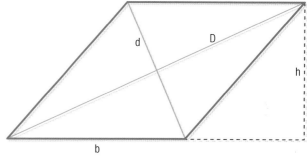

la altura del paralelogramo es igual que la del trapecio

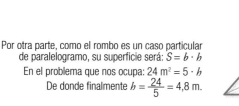

la base del paralelogramo coincide con la suma de las bases del trapecio: $B + b$

al unir dos trapecios iguales se forma un paralelogramo

Cálculo del área de un trapecio. La superficie del paralelogramo es $S = (B + b) \cdot h$ y la del trapecio es $S = \dfrac{B + b}{2} \cdot h$, es decir, la media de las bases multiplicada por la altura.

Los lados paralelos de este trapecio miden seis y doce decímetros, mientras que los otros dos, cinco decímetros. Calculemos su superficie. En el triángulo *ABC* podemos calcular la altura del trapecio, ya que ésta coincide con uno de los catetos. Basta, pues, con que apliquemos el teorema de Pitágoras:
$5^2 = 3^2 + h^2$; $h^2 = 5^2 - 3^2 = 25 - 9 = 16$; $h = 4$.
Por tanto, la superficie del trapecio será: $S = \dfrac{B + b}{2} \cdot h =$
$= \dfrac{12 + 6}{2} \cdot 4 = 36$ dm².

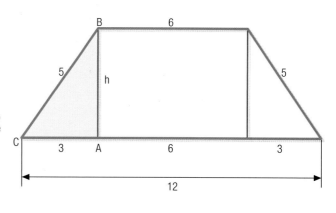

TRIÁNGULOS

El triángulo es la figura geométrica más utilizada. Cualquier otro polígono puede descomponerse en triángulos. Para ello basta con trazar las diagonales desde uno de los vértices. Si miramos a nuestro alrededor observaremos multitud de figuras planas con forma triangular. Sirva de ejemplo la estructura externa del hotel Arts de Barcelona (España).

LOS TRIÁNGULOS SEGÚN SUS ÁNGULOS

La estructura de este edificio muestra numerosos triángulos.

Los triángulos pueden clasificarse en tres grandes grupos atendiendo a sus ángulos:

- Si uno de sus ángulos es recto, hablamos de triángulo **rectángulo**.

- Si uno de sus ángulos es obtuso, el triángulo se llama **obtusángulo**.

- Si sus tres ángulos son agudos, el triángulo se denomina **acutángulo**.

Un paralelogramo se puede dividir en dos triángulos iguales. La superficie de cada uno de ellos será, por consiguiente, la mitad que la del paralelogramo:

$$S = \frac{b \cdot h}{2}$$

DEMOSTRACIÓN DEL TEOREMA DE PITÁGORAS

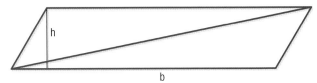

lo descomponemos en un cuadrado de lado b, otro de lado c y cuatro triángulos iguales

construimos un cuadrado cuyo lado sea la suma de los catetos: $b + c$

la superficie a^2 tiene que coincidir con la suma de las superficies b^2 y c^2

el mismo cuadrado de lado $b + c$ se ha descompuesto en cuatro triángulos iguales y un cuadrado de lado a

LOS TRIÁNGULOS SEGÚN SUS ÁNGULOS

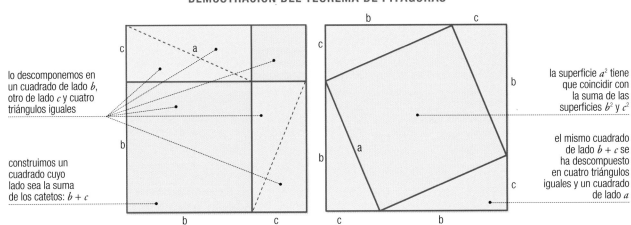

rectángulo

acutángulo

obtusángulo

TEOREMA DE PITÁGORAS

En un triángulo rectángulo el cuadrado de la hipotenusa es igual a la suma de los cuadrados de los catetos:
$$a^2 = b^2 + c^2$$

Introducción

La magia de
los números

Números
naturales

Números
enteros

Números
racionales

Números
reales

El sistema
métrico

Ecuaciones

La regla
de tres

Funciones

Geometría

Trigonometría

Estadística

Probabilidad

Retos de la
matemática

Índice
alfabético
de materias

LOS TRIÁNGULOS SEGÚN SUS LADOS

Atendiendo a sus lados, los triángulos
pueden ser:

- **Equiláteros**, si tienen los tres lados
  iguales.

- **Isósceles**, si tienen dos lados iguales.

- **Escalenos**, si todos sus lados son
  diferentes.

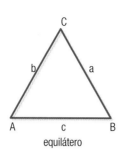

equilátero

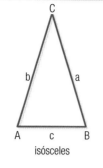

isósceles

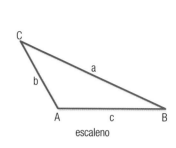

escaleno

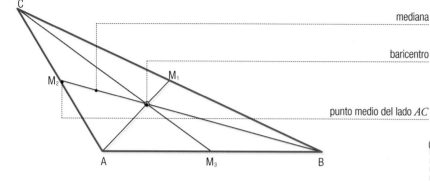

mediana

baricentro

punto medio del lado AC

BARICENTRO

Las rectas que unen cada uno de los
vértices de un triángulo con el punto
medio del lado opuesto se llaman
medianas. Las tres medianas de un
triángulo se cortan en un punto
denominado **baricentro**.

ORTOCENTRO

Llamamos **altura** a la recta que pasa
por el vértice de un triángulo y es
perpendicular al lado opuesto o a su
prolongación. Las tres alturas de un
triángulo se cortan en el **ortocentro**.

la altura desde C
corta al lado AB en
su prolongación

las alturas cortan
perpendicularmente
a los lados

el ortocentro puede
estar fuera del triángulo

CIRCUNCENTRO

Se llama **mediatriz** de un segmento a la recta que es
perpendicular a dicho segmento en su punto medio. Si trazamos
las mediatrices de los tres lados de un triángulo, observaremos
que se cortan en un punto, llamado **circuncentro**, que es el
centro de la circunferencia que pasa por los tres vértices del
triángulo. Al contrario de lo que sucede con las medianas, las
mediatrices no tienen por qué pasar por los vértices del triángulo.

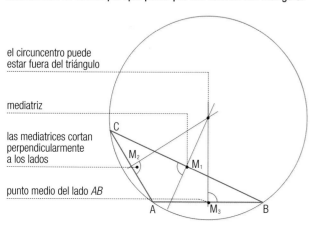

el circuncentro puede
estar fuera del triángulo

mediatriz

las mediatrices cortan
perpendicularmente
a los lados

punto medio del lado AB

INCENTRO

La recta que divide al ángulo en dos
ángulos iguales recibe el nombre de
bisectriz. Las bisectrices de los tres
ángulos de un triángulo se cortan en
un punto, llamado **incentro**, que es el
centro de la circunferencia inscrita en
el triángulo.

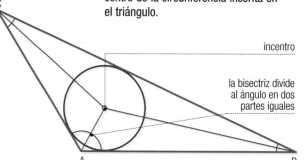

incentro

la bisectriz divide
al ángulo en dos
partes iguales

LA CIRCUNFERENCIA

La circunferencia es una curva cerrada y plana formada por los puntos que equidistan de un punto interior, llamado **centro**. Si miramos a nuestro alrededor encontraremos multitud de circunferencias, como el rosetón de una iglesia.

LONGITUD DE LA CIRCUNFERENCIA

La rueda de una bicicleta tiene ochenta centímetros de diámetro. ¿Cuántos metros avanza cada vez que da una vuelta completa? La longitud de una circunferencia es $l = 2 \cdot \pi \cdot r$, donde r es el radio, 40 cm, y π, un número irracional que, como ya sabemos, vale aproximadamente 3,14. Así pues, cada vez que la rueda dé una vuelta completa, avanzará: $2 \cdot \pi \cdot 0,4 \ m \approx 2,51 \ m$.

No hay que confundir la circunferencia con el **círculo**, que es la superficie encerrada dentro de la circunferencia.

Las ruedas de las bicicletas tienen radios.

el segmento que une dos puntos de la circunferencia pasando por el centro recibe el nombre de **diámetro**

si unimos dos puntos de la circunferencia sin pasar por el centro, obtenemos una **cuerda**

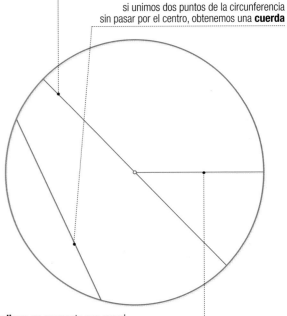

el **radio** es un segmento que une el centro de la circunferencia con un punto cualquiera de la misma. Su longitud es, por consiguiente, la mitad que la del diámetro

PARTES DE UN CÍRCULO

SUPERFICIE DEL CÍRCULO

El área de un círculo se obtiene mediante la expresión: $S = \pi \cdot r^2$ donde r es el radio de la circunferencia correspondiente.

En un estadio de atletismo se dibujan arcos de distintos radios con el fin de facilitar las tareas de medición de los jueces en la prueba de lanzamiento de peso. Calculemos la superficie del sector correspondiente a un radio de dieciséis metros, sabiendo que abarca 40°. Entre un sector de $A°$ y el círculo completo se puede establecer la proporción siguiente:

$$\pi \cdot r^2 \text{———} 360°$$
$$S \text{———} A°$$

De donde $S = \dfrac{\pi \cdot r^2 \cdot A°}{360°}$.

En nuestro caso $S = \dfrac{\pi \cdot 16^2 \cdot 40°}{360°} =$
$= 89{,}36$ m².

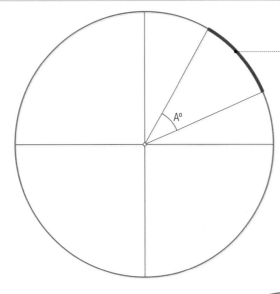

arco

Al trazar dos diámetros perpendiculares, se forman cuatro **cuadrantes**. Como cada uno abarca 90°, la semicircunferencia abarcará 180° y la circunferencia completa, 360°. Llamamos **arco** a la parte de la circunferencia comprendida entre dos de sus puntos. Para calcular la longitud de un arco que abarque un ángulo A, estableceremos la siguiente proporción:

$$\pi \cdot r \text{———} 180°$$
$$l \text{———} A°$$

De donde, $l = \dfrac{\pi \cdot r \cdot A°}{180°}$

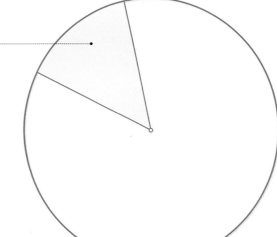

sector

La parte de un círculo limitada por un arco y los dos radios que pasan por sus extremos se llama **sector circular**.

segmento

La parte del círculo limitada por un arco y la cuerda que pasa por sus extremos se llama **segmento circular**. Su superficie se calcula restando a la superficie del sector la del triángulo.

Un **semicírculo** es un sector circular que abarca 180°.

La superficie encerrada entre dos circunferencias concéntricas se llama **corona circular**. Dicha superficie se calcula restando el área de los dos círculos:
$$S = \pi \cdot R^2 - \pi \cdot r^2 = \pi \ (R^2 - r^2)$$

corona

TRANSFORMACIONES GEOMÉTRICAS

Llamamos **transformación geométrica** a una correspondencia establecida entre un conjunto de puntos, denominado **origen**, y otro que recibe el nombre de **imagen**. Las transformaciones geométricas que conservan la forma y las dimensiones de los objetos se llaman **movimientos**. Existen tres tipos de movimientos: las **traslaciones**, los **giros** y las **simetrías**.

TRASLACIONES

Cuando se realiza una traslación y los puntos A y B se transforman respectivamente en los puntos A' y B', los vectores AA' y BB' son iguales, es decir, tienen el mismo módulo, la misma dirección y el mismo sentido.

Si un punto P se transforma en otro P', decimos que son **homólogos**.

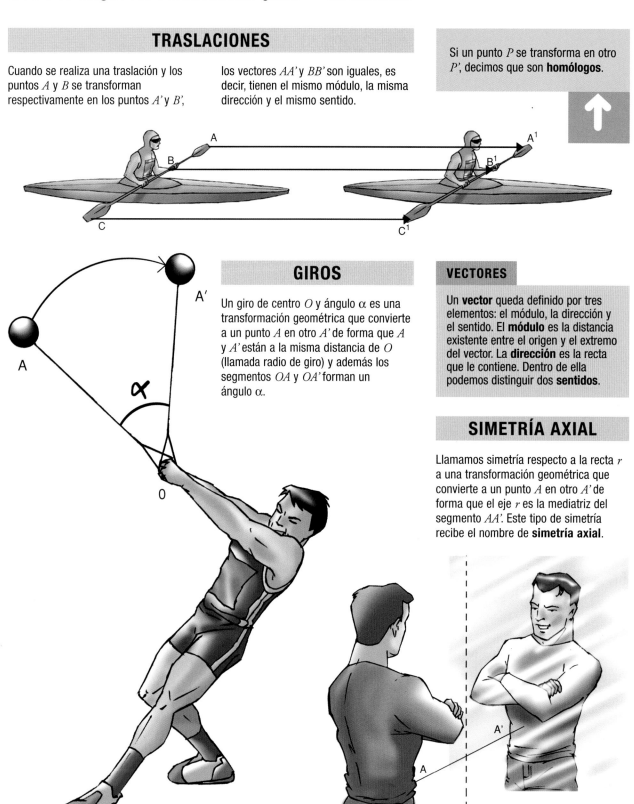

GIROS

Un giro de centro O y ángulo α es una transformación geométrica que convierte a un punto A en otro A' de forma que A y A' están a la misma distancia de O (llamada radio de giro) y además los segmentos OA y OA' forman un ángulo α.

VECTORES

Un **vector** queda definido por tres elementos: el módulo, la dirección y el sentido. El **módulo** es la distancia existente entre el origen y el extremo del vector. La **dirección** es la recta que le contiene. Dentro de ella podemos distinguir dos **sentidos**.

SIMETRÍA AXIAL

Llamamos simetría respecto a la recta r a una transformación geométrica que convierte a un punto A en otro A' de forma que el eje r es la mediatriz del segmento AA'. Este tipo de simetría recibe el nombre de **simetría axial**.

HOMOTECIAS

Una **homotecia** de centro O y razón k convierte a un punto A en otro A' de forma que se cumplen dos propiedades:

- Los puntos O, A y A' están en la misma recta.
- $OA' = k \cdot OA$

Las homotecias conservan la forma de los objetos, pero no sus dimensiones. En esto se diferencian de los movimientos.

SEMEJANZAS

Una **semejanza** es una transformación geométrica que resulta de la composición de una homotecia y un movimiento. En esta ocasión hemos empleado una homotecia de razón dos y después un giro de 80°, ambos con centro en el punto O.

SIMETRÍA CENTRAL

La simetría con respecto a un punto O se caracteriza por la siguiente propiedad: si un punto A se convierte en A', los vectores OA y OA' tienen el mismo módulo y la misma dirección, pero sentido contrario. Este tipo de simetría recibe el nombre de **simetría central** y equivale a un giro de 180° alrededor del punto O.

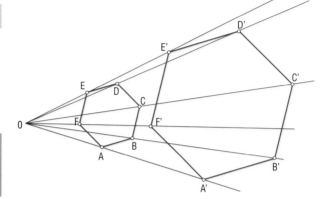

Maqueta del nuevo teatro del Liceu (Barcelona, España).

Entre la maqueta de un edificio y éste existe una semejanza de forma que:
- La razón entre las longitudes es k. Si, por ejemplo, la escala de la maqueta es 1 : 200, una longitud de un centímetro se convierte en 200 centímetros, es decir, en dos metros en la realidad.
- La razón entre las superficies es k^2. Esto significa que en una escala 1 : 200 a un cm² le corresponden cuatro m².
- La razón entre los volúmenes es k^3. Es decir, a un cm³ le corresponden ocho m³.

TEOREMA DE TALES

Si cortamos a dos rectas secantes con diversas rectas paralelas, los segmentos que formamos en una de ellas resultan proporcionales a los que formamos en la otra.

Estos dos triángulos tienen un vértice común y los lados opuestos a dicho vértice son paralelos. Dos triángulos situados en esta posición son semejantes, lo que significa que los ángulos homólogos son iguales ($A = A'$, $B = B'$, $C = C'$) y los segmentos homólogos son proporcionales:

$$\frac{AB}{AB'} = \frac{AC}{AC'} = \frac{BC}{B'C'}$$

LAS RAZONES TRIGONOMÉTRICAS

Los matemáticos hindúes del siglo v ya utilizaban la trigonometría para calcular la medida de los elementos desconocidos de un triángulo, bien sean lados o ángulos, a partir de otros conocidos. El término trigo-nometría deriva de dos palabras griegas: *trigono*, triángulo, y *metron*, medida. En la actualidad, la trigonometría no sólo se aplica al estudio de los triángulos, sino que se utiliza en otros muchos campos.

EL SENO DE UN ÁNGULO

Consideremos estos tres triángulos rectángulos. El ángulo B es común y los ángulos A, A' y A'' son rectos. Los triángulos son pues semejantes y sus lados son proporcionales:

$$\frac{AC}{BC} = \frac{A'C'}{BC'} = \frac{A''C''}{BC''}$$

Esto significa que, al dividir el cateto opuesto al ángulo B entre la hipotenusa, obtenemos siempre el mismo resultado. A dicho resultado se le llama seno del ángulo B (se escribe abreviadamente sen B). Por tanto, el seno es un número que no depende de la longitud de los lados, sino de la amplitud del ángulo.

La trigonometría permite estudiar las ondas electromagnéticas, fundamentales en las telecomunicaciones. Muchos sistemas y aparatos que utilizamos a diario se basan en las ondas: radios, televisores, teléfonos móviles, sintetizadores de sonido, radares, etc.

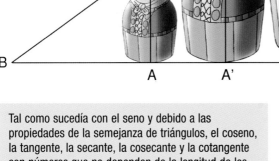

Tal como sucedía con el seno y debido a las propiedades de la semejanza de triángulos, el coseno, la tangente, la secante, la cosecante y la cotangente son números que no dependen de la longitud de los lados, sino de la amplitud del ángulo.

OTRAS RAZONES TRIGONOMÉTRICAS

El **coseno** de un ángulo se escribe abreviadamente *cos*, y es el resultado de dividir el cateto contiguo al ángulo entre la hipotenusa: $\cos B = \frac{c}{a}$

La **tangente** de un ángulo se escribe abreviadamente *tg*, y es el resultado de dividir el cateto opuesto al ángulo entre el cateto contiguo: $\operatorname{tg} B = \frac{b}{c}$

La **cosecante** de un ángulo, abreviadamente *cosec*, es el resultado de dividir la hipotenusa entre el cateto opuesto: $\operatorname{cosec} B = \frac{a}{b} = \frac{1}{\operatorname{sen} B}$

La **secante** de un ángulo, abreviadamente *sec*, es el resultado de dividir la hipotenusa entre el cateto contiguo: $\sec B = \frac{a}{c} = \frac{1}{\cos B}$

La **cotangente** de un ángulo, abreviadamente *cotg*, es el resultado de dividir el cateto contiguo entre el cateto opuesto: $\operatorname{cotg} B = \frac{c}{b} = \frac{1}{\operatorname{tg} B}$

En los problemas trigonométricos la letra A mayúscula suele designar al ángulo recto. Cada lado se designa con la misma letra que el ángulo opuesto, pero en minúscula.

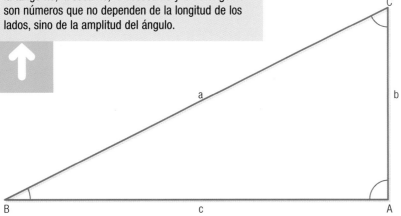

Introducción

La magia de
los números

Números
naturales

Números
enteros

Números
racionales

Números
reales

El sistema
métrico

Ecuaciones

La regla
de tres

Funciones

Geometría

Trigonometría

Estadística

Probabilidad

Retos de la
matemática

Índice
alfabético
de materias

RAZONES TRIGONOMÉTRICAS EN LA CIRCUNFERENCIA DE RADIO UNIDAD

los triángulos ABC y DGB son semejantes. Además el segmento BD mide uno. Por tanto: $\operatorname{cosec} B = \dfrac{BC}{AC} = \dfrac{BG}{BD} = \dfrac{BG}{1} = BG$

$\cot gB = \dfrac{AB}{AC} = \dfrac{DG}{BD} = \dfrac{DG}{1} = DG$

el segmento BF también es un radio. Por tanto: $\sec B = \dfrac{BC}{AB} = \dfrac{BE}{BF} = \dfrac{BE}{1} = BE$

los triángulos ABC y BEF son semejantes. En consecuencia: $\operatorname{tg} B = \dfrac{AC}{AB} = \dfrac{EF}{BF} = \dfrac{EF}{1} = EF$

se le llama tangente porque EF es un segmento de la recta
que sólo tiene un punto común con la circunferencia, la recta tangente

se le llama secante porque BE es un segmento de la recta secante r que tiene dos
puntos comunes con la circunferencia

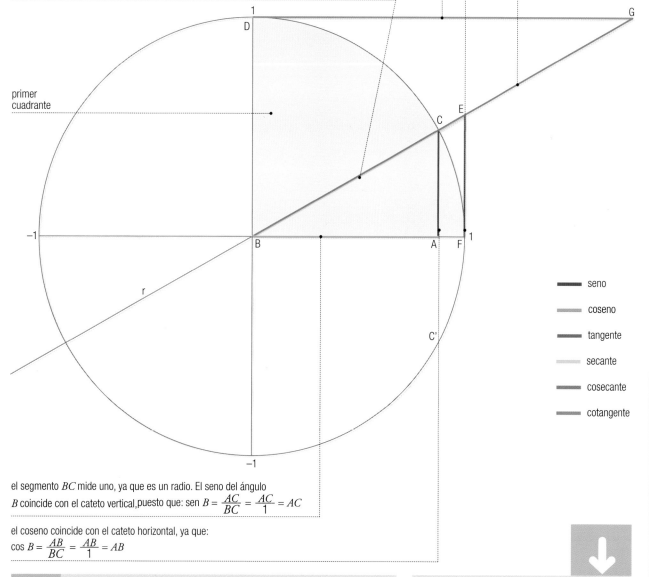

primer
cuadrante

seno
coseno
tangente
secante
cosecante
cotangente

el segmento BC mide uno, ya que es un radio. El seno del ángulo
B coincide con el cateto vertical, puesto que: $\operatorname{sen} B = \dfrac{AC}{BC} = \dfrac{AC}{1} = AC$

el coseno coincide con el cateto horizontal, ya que:
$\cos B = \dfrac{AB}{BC} = \dfrac{AB}{1} = AB$

Los hindúes llamaban al seno *Iya*, que significa semicuerda, debido
a que es la mitad de la cuerda *CC'*. Sendos errores de traducción,
primero del hindú al árabe y después del árabe al latín, fueron los
responsables de que hoy se llame seno, palabra que no tiene nada
que ver con la original

El seno de un ángulo nunca puede ser
mayor que uno, ya que la hipotenusa es
siempre mayor que los catetos. Lo mismo
ocurre con el coseno, pero no con el resto
de las razones trigonométricas.

CÁLCULO DE LONGITUDES APLICANDO LAS RAZONES TRIGONOMÉTRICAS

En un parque se ha construido un juego infantil que consiste en subir por una red de 3 m de altura y bajar con una polea por una cuerda inclinada que forma un ángulo de 60° con la horizontal. ¿Cómo podríamos calcular cuál es la longitud de la cuerda?

Comencemos pensando qué razón trigonométrica es la más conveniente. No interesa aplicar la definición de la tangente, ya que obtendríamos una ecuación en la que no interviene la incógnita a que buscamos:

$$\text{tg } 60° = \frac{3}{c}$$

Tampoco es interesante aplicar la definición del coseno, ya que obtendríamos una ecuación con dos incógnitas, que no podríamos resolver:

$$\cos 60° = \frac{c}{a}$$

El camino correcto es pues el siguiente:

- Aplicamos la definición del seno al ángulo B: $\text{sen } 60° = \dfrac{3}{a}$

- Utilizamos una calculadora para obtener el seno: $\text{sen } 60° = 0{,}8660254$.

- Calculamos el lado a:
$$0{,}8660254 = \frac{3}{a} \Rightarrow a = \frac{3}{0{,}8660254} \approx$$
$$\approx 3{,}46 \text{ m.}$$

Luego la cuerda mide aproximadamente 3 metros y 46 centímetros.

RAZONES TRIGONOMÉTRICAS EN EL SEGUNDO CUADRANTE

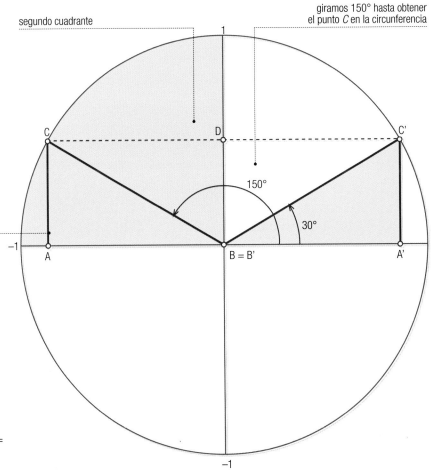

segundo cuadrante

giramos 150° hasta obtener el punto C en la circunferencia

trazamos el segmento vertical CA, obteniéndose así el triángulo ABC que es igual al triángulo $A'B'C'$ del primer cuadrante

Las razones trigonométricas se pueden extender al segundo cuadrante, es decir a ángulos comprendidos entre 90° y 180°, por ejemplo 150°. Las aproximaciones decimales las podemos obtener con la calculadora:

- $\text{sen } 150° = AC = A'C' = \text{sen } 30° = 0{,}5$

- $\cos 150° = AB = -A'B' = -\cos 30° =$
$= -0{,}8660254$

- $\text{tg } 150° = \dfrac{AC}{AB} = \dfrac{\text{sen } 150°}{\cos 150°} = \dfrac{\text{sen } 30°}{-\cos 30°} =$
$= -0{,}5773502$

Introducción

La magia de
los números

Números
naturales

Números
enteros

Números
racionales

Números
reales

El sistema
métrico

Ecuaciones

La regla
de tres

Funciones

Geometría

Trigonometría

Estadística

Probabilidad

Retos de la
matemática

Índice
alfabético
de materias

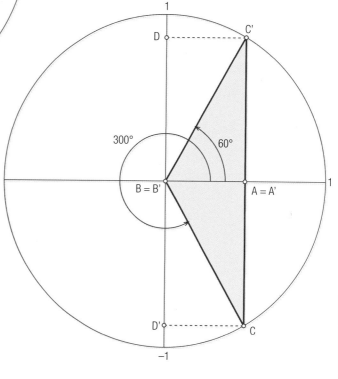

RAZONES TRIGONOMÉTRICAS DEL TERCER CUADRANTE

Razones trigonométricas del ángulo 225°, situado en el tercer cuadrante:

- sen 225° = $AC = BD' = -A'C' = -$ sen 45° = $-0,7071067$

- cos 225° = $AB = -A'B' = -$ cos 45° = $-0,7071067$

- tg 225° = $\dfrac{\text{sen } 225°}{\text{cos } 225°} = \dfrac{-\text{sen } 45°}{-\text{cos } 45°} = 1$

RAZONES TRIGONOMÉTRICAS DEL CUARTO CUADRANTE

Razones trigonométricas del ángulo 300°, situado en el cuarto cuadrante:

- sen 300° = $AC = BD' = -A'C' = -$ sen 60° = $-0,8660254$

- cos 300° = $AB =$ cos 60° = $0,5$

- tg 300° = $\dfrac{\text{sen } 300°}{\text{cos } 300°} = \dfrac{-\text{sen } 60°}{\text{cos } 60°} = -1,7320508$

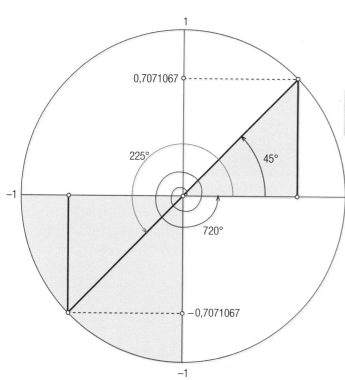

RAZONES TRIGONOMÉTRICAS DE ÁNGULOS MAYORES QUE 360°

$$\begin{array}{r|l} 945° & 360° \quad \text{..... una vuelta} \\ \hline 225 & 2 \quad \text{..... número de vueltas} \end{array}$$

ángulo restante

Para ángulos mayores que 360°, por ejemplo 945°, dividimos 945 entre 360. De esta forma averiguamos que hemos dado dos vueltas a la circunferencia, con lo que hemos completado 720° y que nos restan todavía 225°. Por tanto:

- sen 945° = sen 225° = $-$ sen 45° = $-0,7071067$

- cos 945°= cos 225°= $-0,7071067$

- tg 945°= tg 225°= 1

FUNCIONES TRIGONOMÉTRICAS

La onda mediante la que se transmite el sonido de una flauta se ajusta casi perfectamente a la gráfica de una función trigonométrica simple: $y = \text{sen } x$, donde x es el ángulo e y el valor del seno de dicho ángulo. Otras ondas corresponden a gráficas de funciones matemáticas más complejas, pero muchas de ellas se pueden obtener a partir de una función trigonométrica simple mediante dilataciones, desfases, modificaciones del período, etc.

TABLA DE VALORES DE LA FUNCIÓN $y = \text{sen } x$

x	0°	30°	60°	90°	120°	150°	180°	210°	240°	270°	300°	330°	360°
y	0	0,5	0,87	1	0,87	0,5	0	−0,5	−0,87	−1	−0,87	−0,5	0

GRÁFICA DE LA FUNCIÓN $y = \text{sen } x$
(para ángulos positivos)

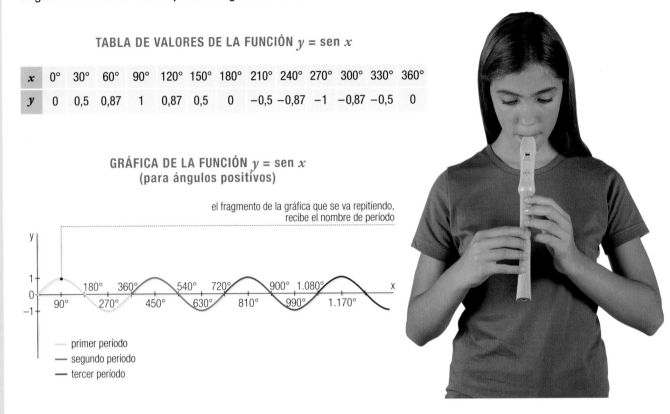

el fragmento de la gráfica que se va repitiendo, recibe el nombre de período

primer período
segundo período
tercer período

LAS GRÁFICAS DE LAS FUNCIONES SENO Y COSENO SUPERPUESTAS EN LOS MISMOS EJES

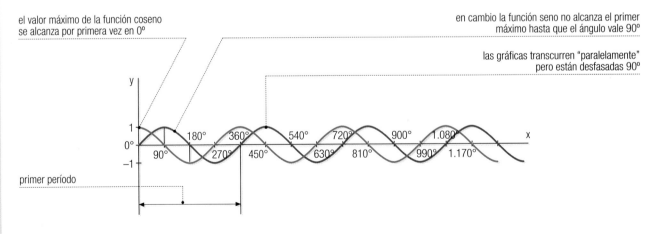

el valor máximo de la función coseno se alcanza por primera vez en 0°

en cambio la función seno no alcanza el primer máximo hasta que el ángulo vale 90°

las gráficas transcurren "paralelamente" pero están desfasadas 90°

primer período

TABLA DE VALORES DE LA FUNCIÓN $y = \cos x$

x	0°	30°	60°	90°	120°	150°	180°	210°	240°	270°	300°	330°	360°
y	1	0,87	0,5	0	−0,5	0,87	−1	−0,87	−0,5	0	0,5	0,87	1

Introducción

La magia de los números

Números naturales

Números enteros

Números racionales

Números reales

El sistema métrico

Ecuaciones

La regla de tres

Funciones

Geometría

Trigonometría

Estadística

Probabilidad

Retos de la matemática

Índice alfabético de materias

TABLA DE VALORES DE LA FUNCIÓN $y = \text{tg } x$

x	0°	30°	60°	90°	120°	150°	180°	210°	240°	270°	300°	330°	360°
y	0	0,58	1,73		−1,73	−0,58	0	0,58	1,73		−1,73	−0,57	0

GRÁFICA DE LA FUNCIÓN $y = \text{tg } x$

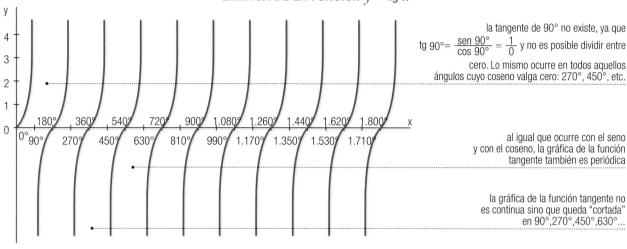

la tangente de 90° no existe, ya que

$$\text{tg } 90° = \frac{\text{sen } 90°}{\cos 90°} = \frac{1}{0}$$ y no es posible dividir entre cero. Lo mismo ocurre en todos aquellos ángulos cuyo coseno valga cero: 270°, 450°, etc.

al igual que ocurre con el seno y con el coseno, la gráfica de la función tangente también es periódica

la gráfica de la función tangente no es continua sino que queda "cortada" en 90°, 270°, 450°, 630°...

DILATACIÓN DE LA GRÁFICA SINUSOIDAL

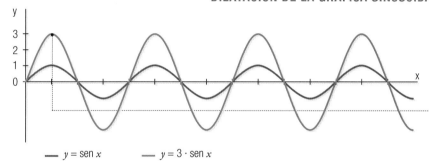

la gráfica de la función $y = 3 \cdot \text{sen } x$ es una dilatación de la de la función $y = \text{sen } x$. Su amplitud es tres veces mayor. Esto quiere decir, que su valor máximo es tres, mientras que el de la función seno es uno

— $y = \text{sen } x$ — $y = 3 \cdot \text{sen } x$

LAS GRÁFICAS DE LAS FUNCIONES $y = \text{sen } x$ e $y = \text{sen } (4x)$ SUPERPUESTAS EN LOS MISMOS EJES

el período de la función $y = \text{sen } (4x)$ se ha contraído a la cuarta parte. Dicho de otra manera, la función $y = \text{sen } (4x)$ desarrolla cuatro períodos, mientras la función $y = \text{sen } x$ desarrolla uno.

— primer período de la función $y = \text{sen } x$

— primer período de la función $y = \text{sen } (4x)$

La tensión de la corriente eléctrica que llega a nuestras casas no es constante, sino que varía periódicamente cincuenta veces cada segundo. La fórmula matemática de la tensión con respecto al tiempo es: $V = 220 \sqrt{2} \text{ sen } (18.000 \cdot t)$. Su gráfica es una onda periódica. Después de estudiar las funciones trigonométricas, ya sabemos que su amplitud o valor máximo alcanzado será $220 \sqrt{2}$, aproximadamente 311 voltios y que su período será 18.000 veces más pequeño que el de la función seno.

POLIEDROS

Si miramos a nuestro alrededor, observaremos multitud de **poliedros**. Esta figura geométrica tridimensional se puede definir como la porción del espacio encerrada entre diversos polígonos, llamados **caras**.

Las **aristas** de un poliedro son los segmentos que se obtienen como intersección de dos caras. Los puntos del poliedro donde confluyen diversas aristas reciben el nombre de **vértices**.

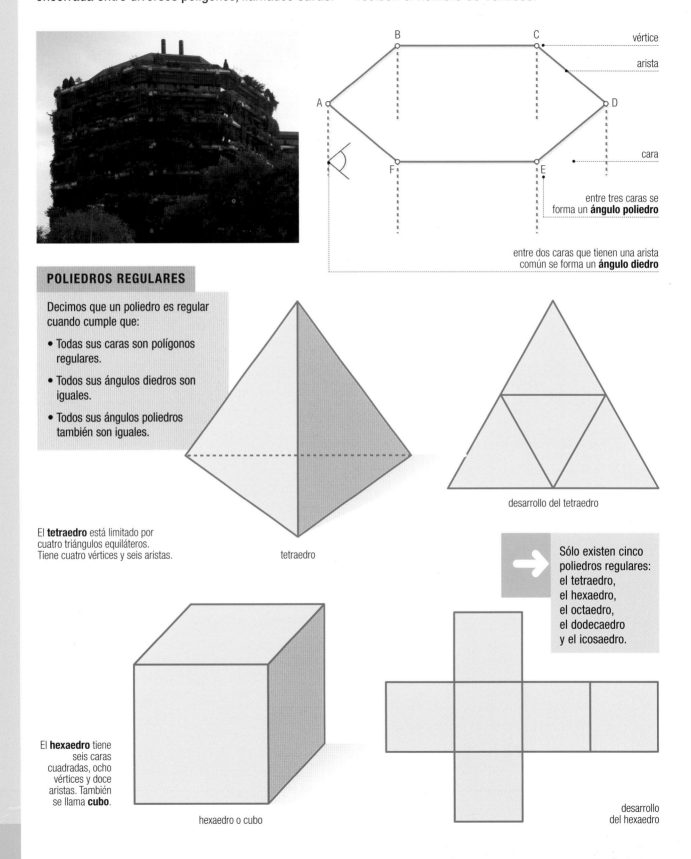

vértice

arista

cara

entre tres caras se forma un **ángulo poliedro**

entre dos caras que tienen una arista común se forma un **ángulo diedro**

POLIEDROS REGULARES

Decimos que un poliedro es regular cuando cumple que:

- Todas sus caras son polígonos regulares.
- Todos sus ángulos diedros son iguales.
- Todos sus ángulos poliedros también son iguales.

El **tetraedro** está limitado por cuatro triángulos equiláteros. Tiene cuatro vértices y seis aristas.

tetraedro

desarrollo del tetraedro

Sólo existen cinco poliedros regulares: el tetraedro, el hexaedro, el octaedro, el dodecaedro y el icosaedro.

El **hexaedro** tiene seis caras cuadradas, ocho vértices y doce aristas. También se llama **cubo**.

hexaedro o cubo

desarrollo del hexaedro

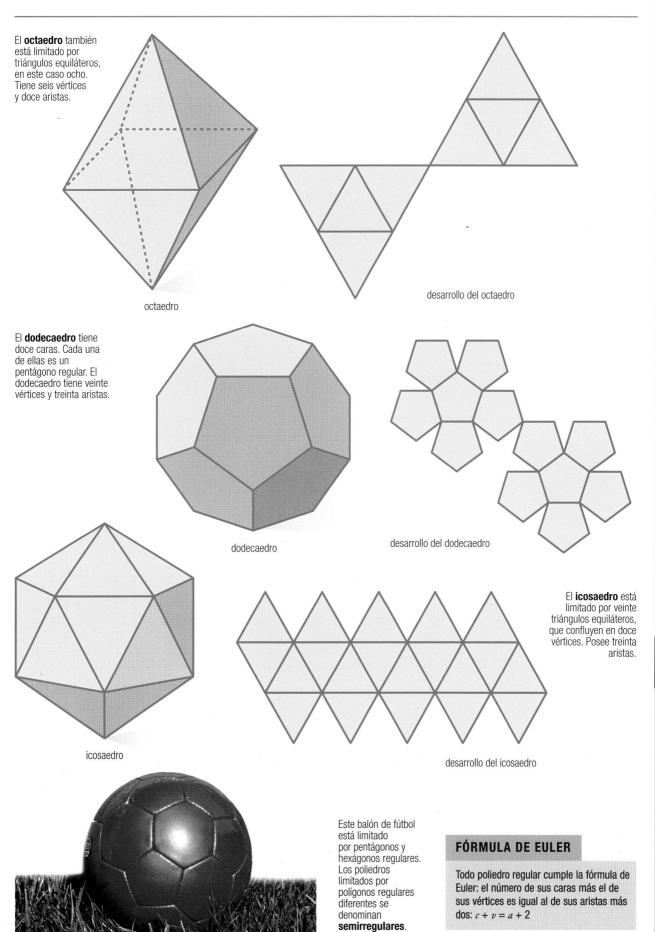

El **octaedro** también está limitado por triángulos equiláteros, en este caso ocho. Tiene seis vértices y doce aristas.

octaedro

desarrollo del octaedro

El **dodecaedro** tiene doce caras. Cada una de ellas es un pentágono regular. El dodecaedro tiene veinte vértices y treinta aristas.

dodecaedro

desarrollo del dodecaedro

El **icosaedro** está limitado por veinte triángulos equiláteros, que confluyen en doce vértices. Posee treinta aristas.

icosaedro

desarrollo del icosaedro

Este balón de fútbol está limitado por pentágonos y hexágonos regulares. Los poliedros limitados por polígonos regulares diferentes se denominan **semirregulares**.

FÓRMULA DE EULER

Todo poliedro regular cumple la fórmula de Euler: el número de sus caras más el de sus vértices es igual al de sus aristas más dos: $c + v = a + 2$

PRISMAS Y PIRÁMIDES

Entre los poliedros irregulares destacan dos familias: los **prismas** y las **pirámides**. En algunos castillos medievales de Europa podemos ver varias torres con forma de prisma. Sus caras laterales son paralelogramos. Un prisma tiene además dos **bases** que pueden ser polígonos cualesquiera, pero que tienen que estar contenidos en sendos planos paralelos. Según cuál sea el polígono de la base, hablaremos de prisma triangular, cuadrangular, pentagonal, hexagonal, etc.

UN PRISMA CUADRANGULAR

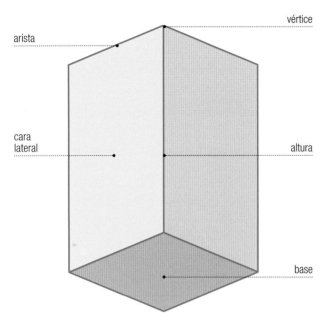

arista · vértice · cara lateral · altura · base

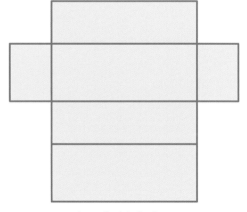

El edificio Kursaal (San Sebastián, España) es casi un **paralelepípedo**, aunque tiene algunas zonas curvas. El paralelepípedo es un tipo de prisma limitado por seis paralelogramos paralelos e iguales dos a dos.

ortoedro

El **ortoedro** es un caso particular de paralelepípedo que está limitado por seis rectángulos. Dos de las tres aristas diferentes de este ortoedro miden seis y cuatro metros respectivamente. Calculemos la longitud de la otra arista y el volumen del ortoedro, sabiendo que su superficie total es ciento ocho metros cuadrados.

desarrollo del ortoedro

La superficie total será la suma de las áreas de seis rectángulos. Dos de ellos miden $4x$ metros cuadrados, donde x es la longitud de la arista desconocida. Otros dos miden $6x$ metros cuadrados, mientras que las bases miden veinticuatro metros cuadrados.

Por consiguiente: $108 = 8x + 12x + 48$

Resolviendo la ecuación obtenemos:

$$108 - 48 = 8x + 12x \Rightarrow 60 = 20x \Rightarrow = \frac{60}{20} = 3$$

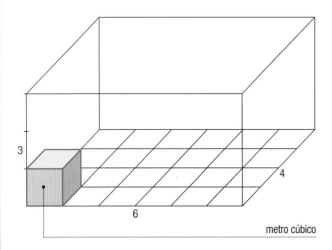

3 · 4 · 6

metro cúbico

Sobre la base del ortoedro podemos colocar veinticuatro cubos de un metro de lado, lo que nos da un volumen de veinticuatro metros cúbicos. Como dentro del ortoedro se podrían colocar tres filas de veinticuatro cubos cada una, el volumen del ortoedro es: $24 \cdot 3 = 72$ m^3.

ÁREA Y VOLUMEN DEL ORTOEDRO

En general, la superficie lateral del ortoedro se obtiene sumando el área de cuatro rectángulos, lo que equivale a multiplicar el perímetro de la base por la altura: $S_L = p \cdot h$

La superficie total se obtiene sumando a la superficie lateral el área de las dos bases: $S_T = S_L + 2 \cdot B$

El volumen del ortoedro se calcula multiplicando el área de la base por la altura, lo que equivale a multiplicar las longitudes de las tres aristas diferentes: $V = B \cdot h$

Las tres fórmulas anteriores se pueden aplicar también a cualquier prisma recto.

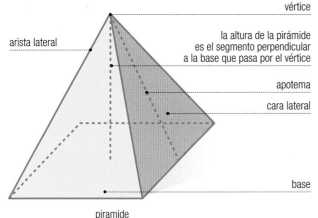

Las aristas diferentes de un envase TetraBrik de leche miden seis, nueve y veinte centímetros. ¿Qué superficie total de material se emplea para fabricarlo? ¿Cuál es su capacidad?

La respuesta es sencilla. El área de la base es: $B = 6 \cdot 9 = 54$ cm². Como la altura mide veinte centímetros, la capacidad será: $V = 54 \cdot 20 = 1.080$ cm³, es decir, poco más de un litro.

El perímetro de la base mide: $6 + 6 + 9 + 9 = 30$ cm, luego la superficie lateral es: $S_L = 30 \cdot 20 = 600$ cm². Si añadimos la superficie de las dos bases, tenemos: $S_T = 600 + 54 + 54 = 708$ cm².

Un dado es un ejemplo de hexaedro.

Como el hexaedro es un ortoedro con las aristas iguales, su superficie total es: $S = 6 \cdot l^2$ y su volumen es: $V = l^3$, donde l es la longitud de la arista.

Las célebres pirámides de el-Gizah (El Cairo, Egipto).

vértice

arista lateral

la altura de la pirámide es el segmento perpendicular a la base que pasa por el vértice

apotema

cara lateral

base

pirámide

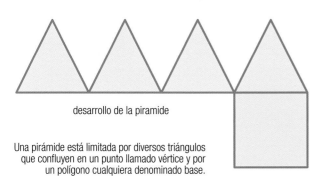

desarrollo de la piramide

Una pirámide está limitada por diversos triángulos que confluyen en un punto llamado vértice y por un polígono cualquiera denominado base.

 Una pirámide es regular si cumple dos condiciones:

- La altura corta a la base en el centro de la misma.

- La base es un polígono regular.

ÁREA Y VOLUMEN DE LA PIRÁMIDE

El volumen de la pirámide equivale a la tercera parte del área de la base por la altura: $V = \dfrac{1}{3} \cdot B \cdot h$

La superficie lateral es la suma de las áreas de diversos triángulos, lo que equivale a multiplicar el semiperímetro de la base por la apotema: $S_L = \dfrac{p \cdot a}{2}$

La superficie total se obtiene sumando a la superficie lateral el área de la base: $S_T = S_L + B$

CUERPOS DE REVOLUCIÓN

Se llaman cuerpos de revolución a las figuras tridimensionales que se obtienen al girar una figura plana alrededor de un eje. Entre ellos destacan la **esfera**, el **cono** y el **cilindro**. A nuestro alrededor podemos encontrar numerosos ejemplos de cuerpos de revolución: una pelota de tenis tiene forma esférica, un neumático tiene forma **toroidal**, un balón de rugby se aproxima bastante a un **elipsoide** y en un molino de viento podemos apreciar un cilindro y un cono.

SUPERFICIE Y VOLUMEN DEL CILINDRO

El cuerpo del molino es un cilindro y su cubierta, un cono.

Un depósito de forma cilíndrica y diez metros de altura tiene una capacidad de setecientos ochenta y cinco mil litros. Calculemos su superficie lateral.

En primer lugar tenemos que: $785.000 \; l = 785.000 \; dm^3 = 785 \; m^3$.

De forma que: $\pi \cdot r^2 \cdot 10 = 785 \Rightarrow r^2 = \dfrac{785}{10 \cdot \pi} \Rightarrow \pi = \sqrt{\dfrac{785}{10 \cdot \pi}} \approx 5 \; m$.

Por consiguiente, la superficie lateral será: $S_L = 2 \cdot \pi \cdot 5 \cdot 10 \approx 314 \; m^2$.

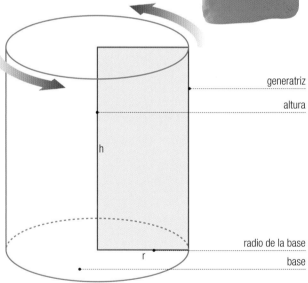

generatriz
altura
h
radio de la base
base

Cuando un rectángulo gira alrededor de uno de sus lados se genera un cilindro recto. Su volumen se obtiene multiplicando el área de la base por la altura: $V = \pi \cdot r^2 \cdot h$.

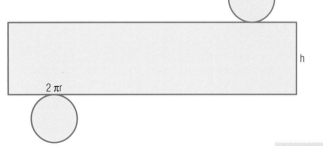

Desarrollo del cilindro. La superficie lateral se convierte en un rectángulo cuyos lados son la longitud de la circunferencia de la base del cilindro y la altura del mismo. Por consiguiente:
$S_L = 2 \cdot \pi \cdot r \cdot h$
Para obtener la superficie total, sumamos el área de las bases que son dos círculos iguales:
$S_T = 2 \cdot \pi \cdot r \cdot h + 2 \cdot \pi \cdot r^2$

¿Pueden construirse un cilindro y un cubo que tengan la misma altura y exactamente el mismo volumen? Las bases tienen que tener la misma área. Se trata, por tanto de una nueva versión del problema de la cuadratura del círculo. El lado del cubo tendría que medir: $l^2 = \pi r^2$ $l = r\sqrt{\pi}$. Pero, como π tiene infinitos decimales, sólo se podrían construir dichos cuerpos con volúmenes aproximadamente iguales.

Introducción

La magia de
los números

Números
naturales

Números
enteros

Números
racionales

Números
reales

El sistema
métrico

Ecuaciones

La regla
de tres

Funciones

Geometría

Trigonometría

Estadística

Probabilidad

Retos de la
matemática

Índice
alfabético
de materias

SUPERFICIE Y VOLUMEN DEL CONO

Queremos hacer un envase de cartón con forma de cono recto que tenga cuatro decímetros de altura y de modo que el radio de su base mida tres decímetros. Calculemos la cantidad de cartón que necesitaremos. En primer lugar hallamos la generatriz aplicando el teorema de Pitágoras:

$$g^2 = 4^2 + 3^2 = 25; \ g = \sqrt{25} = 5 \text{ dm}.$$

Por tanto, la superficie de cartón será:

$$S_T = \pi \cdot 3 \cdot 5 + \pi \cdot 3^2 \approx 75,40 \text{ dm}^2.$$

La capacidad del recipiente cónico será:

$$V = \frac{1}{3} \cdot \pi \cdot 3^2 \cdot 4 \approx 37,70 \text{ dm}^3.$$

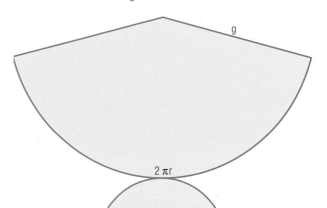

la hipotenusa da lugar
a la generatriz

la altura une el vértice
del cono con el centro
de su base

radio de la base

base

El cono recto se obtiene al girar un triángulo rectángulo alrededor de uno de sus catetos. Su volumen se calcula hallando la tercera parte del área de la base por la altura: $V = \frac{1}{3} \cdot \pi \cdot r^2 \cdot h$.

El neumático de un automóvil tiene forma toroidal.

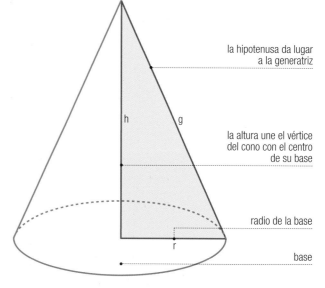

Desarrollo del cono. La superficie lateral se obtiene mediante la expresión: $S_L = \pi \cdot r \cdot g$, donde g es la generatriz del cono; mientras que la superficie total se halla sumando a la superficie lateral el área de la base: $S_T = \pi \cdot r \cdot g + \pi \cdot r^2$

Las rosquillas y los donetes también tienen forma toroidal.

El balón de rugby recuerda un elipsoide.

LA ESFERA

La esfera es el cuerpo de revolución que se genera al hacer girar un círculo alrededor de su diámetro. Las esferas del Atomium de Bruselas (construidas con ocasión de la Exposición Universal de 1958) constituyen un ejemplo de esta figura geométrica tridimensional.

SUPERFICIE Y VOLUMEN DE LA ESFERA

La superficie de la esfera equivale a la de cuatro círculos del mismo radio: $S = 4 \cdot \pi \cdot r^2$. El volumen de la esfera se obtiene mediante la fórmula:

$$V = \frac{4}{3} \cdot \pi \cdot r^3$$

LA TIERRA

Sabiendo que la superficie de la Tierra es 510.101.000 km² y que se trata aproximadamente de una esfera, podríamos calcular el radio de nuestro planeta y su volumen: $510.101.000 = 4 \cdot \pi \cdot R^2$.

Luego el radio de la Tierra es:

$$R = \sqrt{\frac{510.101.000}{4 \cdot \pi}} \approx 6.371 \text{ km}.$$

Por consiguiente, el volumen de nuestro planeta será: $V = \frac{4}{3} \cdot \pi \cdot$
$\cdot 6.371^3 = 1.083.207$ millones de km³.

PARTES DE LA SUPERFICIE ESFÉRICA

Calculemos la superficie de un casquete de 0,83 m de altura en una esfera de dos metros de radio. La superficie del casquete se calcula mediante la expresión: $S = 2 \cdot \pi \cdot R \cdot h$, donde R es el radio de la esfera y h, la altura del casquete. En nuestro caso:
$S = 2 \cdot \pi \cdot 2 \cdot 0,83 \approx 10,43 \text{ m}^2$.

la parte de la superficie esférica comprendida entre dos planos que se cortan en un diámetro recibe el nombre de **huso esférico**

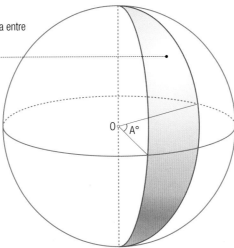

Para calcular la superficie de un huso esférico que abarque A°, hay que tener en cuenta que a la esfera completa le corresponden 360° y que su superficie es $4 \cdot \pi \cdot R^2$. Por consiguiente, podemos establecer la proporción siguiente:

$$4 \cdot \pi \cdot R^2 \longrightarrow 360°$$
$$S \longrightarrow A°$$

De donde:
$$S = \frac{4 \cdot \pi \cdot R^2 \cdot A°}{360°} = \frac{\pi \cdot R^2 \cdot A°}{90°}$$

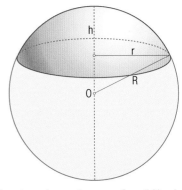

Cuando un plano corta a una esfera, divide a la superficie esférica en dos **casquetes esféricos**. En el caso de que el plano pase por el centro de la esfera, ambos casquetes se denominan **hemisferios**, ya que son iguales.

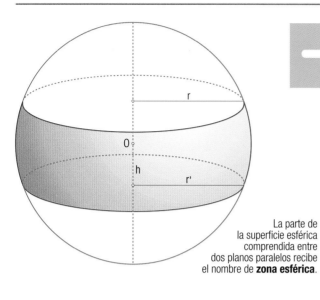

Introducción

La magia de
los números

Números
naturales

Números
enteros

Números
racionales

Números
reales

El sistema
métrico

Ecuaciones

La regla
de tres

Funciones

Geometría

Trigonometría

Estadística

Probabilidad

Retos de la
matemática

Índice
alfabético
de materias

La parte de
la superficie esférica
comprendida entre
dos planos paralelos recibe
el nombre de **zona esférica**.

La superficie de una zona esférica depende únicamente de
su altura y del radio de la esfera: $S = 2 \cdot \pi \cdot R \cdot h$. Por tanto:

- Dos zonas que tengan la misma altura tienen la misma
superficie independientemente de su situación en la esfera.

- Una zona y un casquete que tengan la misma altura,
tienen la misma superficie.

PARTES DEL VOLUMEN ESFÉRICO

Para calcular el volumen de una cuña esférica que abarque A°,
hay que tener en cuenta que a la esfera completa le

corresponden 360° y que su volumen es $\frac{4}{3} \cdot \pi \cdot R^3$. Por

consiguiente, podemos establecer la proporción siguiente:

$$\frac{4}{3} \cdot \pi \cdot R^3 \ \text{——} \ 360°$$
$$V \ \text{——} \ A°$$

De donde: $V = \dfrac{4 \cdot \pi \cdot R^3 \cdot A°}{3 \cdot 360°} = \dfrac{\pi \cdot R^3 \cdot A°}{270°}$

se llama **sector esférico**
a la parte de la esfera
comprendida entre un
casquete y una superficie
cónica de vértice en el
centro de la esfera.

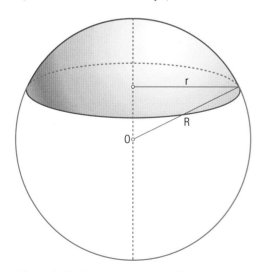

El volumen de un sector esférico se calcula mediante la expresión: $V = \frac{2}{3} \cdot \pi \cdot R^2 \cdot h$, donde R es el radio de la esfera y h, la altura del sector.

diámetro

huso esférico

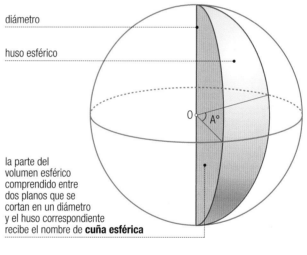

la parte del
volumen esférico
comprendido entre
dos planos que se
cortan en un diámetro
y el huso correspondiente
recibe el nombre de **cuña esférica**

La zona del espacio situada entre un casquete esférico y el plano que
le determina recibe el nombre de **segmento esférico de una base**.
Su volumen se halla restando al volumen del sector el del cono
correspondiente

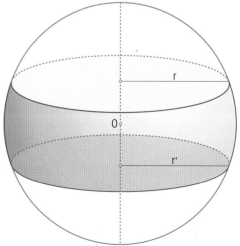

La región del espacio situada entre una zona esférica y los dos planos
paralelos que la determinan recibe el nombre de **segmento esférico de
dos bases**. Su volumen se halla restando el volumen de los dos segmentos
esféricos de una base correspondientes.

GRÁFICOS ESTADÍSTICOS

Se ha pasado una encuesta a los veinticinco estudiantes de una clase de secundaria. Una de las preguntas era: ¿Cuántos hermanos tienes? Las respuestas han sido las siguientes: 1, 1, 0, 2, 0, 1, 0, 3, 2, 2, 1, 3, 1, 0, 1, 2, 0, 1, 1, 2, 1, 2, 1, 0, 0. Este conjunto de datos es relativamente pequeño comparado con los que se utilizan generalmente en estadística. ¿Imaginas que la encuesta se hubiera pasado a todas las familias de una ciudad? Para poder trabajar con muchos datos, se ha ideado un conjunto de técnicas que veremos seguidamente.

CONCEPTOS BÁSICOS

El conjunto que queremos estudiar se llama **población**. El **tamaño** de una población es el número de los elementos que la forman. En el ejemplo anterior la población es un conjunto de estudiantes y su tamaño es 25.

Podemos investigar sobre una o varias características de una población. En el ejemplo se estudia una característica: el número de hermanos. Dicha característica se puede expresar con números. Cuando esto ocurre, decimos que es **cuantitativa** o bien que es una **variable**.

Una variable puede ser **continua**, cuando se puede expresar con números decimales, por ejemplo la estatura; o **discreta**, si sólo se puede expresar con números enteros, por ejemplo, el número de hermanos.

Las características que no se expresan con números, como el estado civil, se llaman **cualitativas**.

En estadística la palabra **población** no tiene el mismo significado que en el lenguaje usual. Una población estadística puede estar formada por personas, pero también por tornillos, bombillas, aviones, programas de televisión o cualquier otra cosa.

Características
- Cuantitativas (variables)
  - Discretas
  - Continuas
- Cualitativas

este número indica que hay siete estudiantes que no tienen hermanos

este número es la suma de las dos primeras frecuencias absolutas

x	f	f_r	F	F_r
0	7	28%	7	28%
1	10	40%	17	68%
2	6	24%	23	92%
3	2	8%	25	100%
total	25	100%		

este número es la suma de las tres primeras frecuencias relativas

la frecuencia relativa de este valor se obtiene dividiendo su frecuencia absoluta entre el tamaño:
$$\frac{6}{25} \cdot 100 = 24\%$$

la suma de las frecuencias absolutas coincide con el tamaño

TABLAS DE FRECUENCIAS

Con el fin de poner orden en un conjunto de datos, éstos se llevan a una tabla. Para confeccionarla, se cuenta el número de veces que se repite cada valor de la variable que estemos estudiando. A dicho número se le llama **frecuencia absoluta**.

También se puede hacer una tabla con las **frecuencias relativas**. Éstas indican el porcentaje que representa una frecuencia con respecto al tamaño total de la población. En el ejemplo que estamos considerando, los estudiantes que tienen un hermano constituyen el 40 % de la clase.

El número de estudiantes que tienen dos hermanos o menos es 23. Este número es la **frecuencia acumulada** del valor dos. Se obtiene sumando las frecuencias correspondientes a los valores cero, uno y dos.

También puede añadirse a la tabla la **frecuencia relativa acumulada**, sumando las correspondientes frecuencias relativas.

Para que resulte más fácil la comprensión de las tablas de frecuencias, sus datos pueden llevarse a un gráfico. Existen diversos tipos de gráficos estadísticos: diagramas de barras, de sectores, histogramas, pirámides de población, etc.

Diagrama de barras correspondiente al número de hermanos. En un diagrama de barras verticales, los valores de la variable se colocan en el eje horizontal y los valores de las frecuencias, en el vertical. También existen diagramas de barras horizontales en los que se hace justo lo contrario.

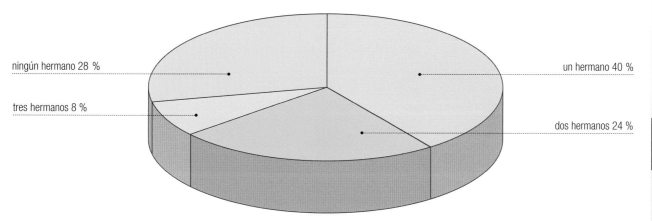

ningún hermano 28 %

tres hermanos 8 %

un hermano 40 %

dos hermanos 24 %

Diagrama de sectores correspondiente al número de hermanos. La amplitud de cada sector es proporcional a la frecuencia relativa de cada valor. Para calcular el ángulo se calcula el porcentaje correspondiente, teniendo en cuenta que a una circunferencia completa le corresponden 360°.
Por ejemplo:

$$\frac{28}{100} \cdot 360° = 0,28 \cdot 360° = 100° \, 48´.$$

Actualmente existen programas de ordenador, bien sean hojas de cálculo, como Excel o programas especializados en estadística, como Minitab o Statgraphics, capaces de dibujar automáticamente los gráficos estadísticos a partir de los datos. Dichos programas nos ofrecen, además, múltiples opciones con las que podremos obtener una presentación muy esmerada.

DATOS AGRUPADOS EN INTERVALOS

A veces, los datos apenas se repiten, de forma que, aunque los agrupemos en una tabla de frecuencias, no conseguimos gran cosa. Es lo que ocurrió el mes pasado con el número de pasajeros que tomaron uno de los vuelos diarios realizados por una compañía aérea: 25, 141, 70, 132, 68, 62, 85, 48, 176, 51, 111, 117, 141, 125, 125, 149, 130, 105, 101, 132, 75, 53, 37, 93, 199, 81, 163, 101, 142, 122.

En estos casos los datos se agrupan en intervalos.

El valor medio de cada intervalo se llama **marca de clase** y se calcula sumando los dos extremos y dividiendo el resultado entre dos.

DATOS AGRUPADOS EN INTERVALOS

marcas de clase

nueve días estuvo comprendido entre cincuenta y cien

	m_c	f	f_r	F	F_r
0 - 50	25	3	10 %	3	10 %
50 - 100	75	9	30 %	12	40 %
100 - 150	125	15	50 %	27	90 %
150 - 200	175	3	10 %	30	100 %
Total		30	100 %		

hay tres días en los que el número de pasajeros estuvo comprendido entre cero y cincuenta

las frecuencias relativas y las acumuladas se obtienen de la misma manera que en el caso anterior

En el caso de que los valores estén agrupados por intervalos, también puede hacerse un diagrama de sectores. Podemos emplear, por ejemplo, un semicírculo al que, en total, corresponden 180°. La amplitud de cada sector es proporcional a la frecuencia relativa de cada valor. Por ejemplo, al primer valor le corresponde un ángulo que se calcula así:

$$\frac{10}{100} = \frac{\alpha}{180°} \Rightarrow \alpha = \frac{10}{100} \cdot 180° = 18°$$

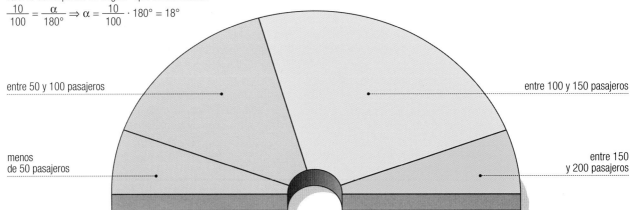

entre 50 y 100 pasajeros

entre 100 y 150 pasajeros

menos de 50 pasajeros

entre 150 y 200 pasajeros

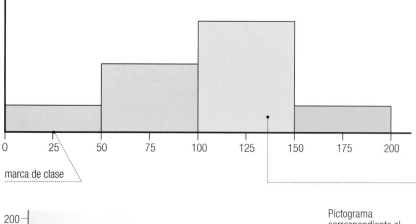

Histograma correspondiente al número de pasajeros. Un histograma es semejante a un diagrama de barras, pero se emplea para tablas de frecuencias en las que los datos están agrupados en intervalos. Aquí las barras están juntas, ya que su base es cada uno de los intervalos.

marca de clase

la superficie de cada rectángulo es proporcional a la frecuencia; cuando todos los intervalos tienen la misma anchura, basta con tomar su altura igual a la frecuencia de cada uno

Pictograma correspondiente al número de pasajeros. Un pictograma es, en realidad, un diagrama de barras en el que éstas se han sustituido por dibujos alusivos a la variable que se está estudiando.

el tamaño de los dibujos es proporcional a la frecuencia

PIRÁMIDES DE POBLACIÓN

Una pirámide de población es un conjunto de dos histogramas horizontales unidos entre sí. En el eje vertical se colocan los intervalos y horizontalmente los rectángulos correspondientes, cuya superficie es proporcional a la frecuencia. Las pirámides de población se utilizan para comparar gráficamente los valores de una misma variable en dos poblaciones diferentes.

intervalos en el eje vertical

histograma correspondiente a los sueldos de los hombres

5 %	1.800 - 2.100	15 %
25 %	1.500 - 1.800	25 %
39 %	1.200 - 1.500	35 %
25 %	900 - 1.200	20 %
6 %	600 - 900	5 %

histograma correspondiente a los sueldos de las mujeres

Pirámide de población correspondiente a los sueldos de los hombres y las mujeres empleados en una empresa. Los valores de la variable se expresan en euros y se agrupan en intervalos de anchura trescientos euros. Las frecuencias son relativas y, por tanto, se expresan en tanto por ciento.

PARÁMETROS ESTADÍSTICOS

La profesora de matemáticas de María ha realizado un estudio sobre el número de horas diarias que ven la televisión los veinte estudiantes de su clase y ha obtenido los resultados siguientes: 1, 4, 1, 2, 2, 4, 3, 1, 3, 2, 1, 2, 1, 3, 1, 0, 2, 4, 3, 0. ¿Se podría decir que los compañeros de María ven una media de dos horas diarias de televisión?

MEDIA ARITMÉTICA

Para calcular la media tendríamos que sumar los veinte datos y dividir el resultado obtenido entre veinte. Ahora bien, observamos que, por ejemplo, hay seis unos. Para sumarlos, bastaría multiplicar $6 \cdot 1 = 6$. Esto significa que podemos agrupar los valores en una tabla según sus frecuencias y después proceder así:

a) Multiplicar cada valor por su frecuencia.

b) Sumar los resultados obtenidos.

c) Sumar todas las frecuencias.

d) Dividir ambas sumas.

En nuestro caso la media es:

$\bar{x} = \dfrac{40}{20} = 2$ horas.

CÁLCULO DE LA MEDIA

x	f	x · f	
0	2	0	esta columna se utiliza para calcular la media
1	6	6	
2	5	10	
3	4	12	
4	3	12	
sumas	**20**	**40**	

La **media** es el resultado de dividir la suma de los valores de una variable estadística entre el tamaño, es decir, entre el número de valores.

PARÁMETROS ESTADÍSTICOS

Son valores que se obtienen matemáticamente a partir de los datos recogidos. La media es el parámetro estadístico más utilizado pero existen otros parámetros centrales, como la **moda** o la **mediana**; así como diversos parámetros de dispersión, como la **varianza** o la **desviación típica**.

Si ordenamos los datos de menor a mayor vemos que existen dos valores centrales (si el número de valores fuese impar, sólo habría uno). La mediana es la media de ambos. En este caso son iguales y, por tanto, la mediana es dos.

0, 0, 1, 1, 1, 1, 1, 1, 2, 2, 2, 2, 2, 3, 3, 3, 3, 4, 4, 4,

CÁLCULO DE LA MEDIANA A PARTIR DE LAS FRECUENCIAS ACUMULADAS

x	f	F
0	2	2
1	6	8
2	5	(13)
3	4	17
4	3	20

para calcular los valores de esta columna se van sumando las sucesivas frecuencias

ésta es la frecuencia acumulada de los dos primeros valores: 2 + 6 = 8

con las frecuencias acumuladas podemos hallar rápidamente la mediana, sin necesidad de escribirlos todos; en este caso es dos, ya que es el primer valor cuya frecuencia acumulada, trece, supera la mitad del tamaño, diez

La **moda** es el valor que más se repite, es decir, el que tiene la frecuencia más alta. En nuestro caso, el uno.

Aunque la media, la mediana y la moda son todas ellas parámetros centrales, no tienen por qué coincidir. En nuestro caso, por ejemplo, la media y la mediana coinciden y valen dos, pero la moda es uno.

MEDIA Y DISPERSIÓN

Aunque dos conjuntos de valores tengan la misma media, pueden ser muy diferentes. Veamos, por ejemplo, dos casos extremos. Supongamos que en una clase de veinte alumnos diez ven la televisión seis horas diarias y otros diez no la ven nunca. La media sería tres horas. Supongamos ahora que en otra clase de veinte alumnos diez ven la televisión cuatro horas diarias y diez la ven dos horas diarias. La media también sería tres horas. En el primer caso los valores, seis y cero, están alejados de la media, mientras que en el segundo están más próximos. Se dice que los valores de la segunda clase están menos dispersos.

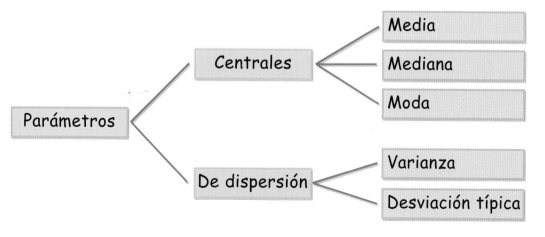

Parámetros
- Centrales
  - Media
  - Mediana
  - Moda
- De dispersión
  - Varianza
  - Desviación típica

La magia de los números

Números naturales

Números enteros

Números racionales

Números reales

El sistema métrico

Ecuaciones

La regla de tres

Funciones

Geometría

Trigonometría

Estadística

Probabilidad

Retos de la matemática

Índice alfabético de materias

VARIANZA Y DESVIACIÓN TÍPICA

Estos dos parámetros se utilizan para medir la dispersión con respecto a la media. Para hallar la varianza haremos lo siguiente:

a) Hallar la media.

b) Calcular la desviación de cada valor, restando la media a cada uno de ellos.

c) Elevar al cuadrado las desviaciones obtenidas para evitar que las positivas se contrarresten con las negativas.

d) Hallar la media de los cuadrados de las desviaciones.

En nuestro caso la varianza es:

$$\text{var}(x) = \frac{30}{20} = 1,5$$

La desviación típica es la raíz cuadrada de la varianza. En concreto:

$$\sigma_x = \sqrt{1,5} = 1,22 \text{ horas.}$$

CÁLCULO DE LA VARIANZA Y LA DESVIACIÓN TÍPICA

x	f	$x - \overline{x}$	$(x - \overline{x})^2$	$(x - \overline{x})^2 \cdot f$
0	2	−2	4	8
1	6	−1	1	6
2	5	0	0	0
3	4	1	1	4
4	3	2	4	12
	20			30

la media calculada anteriormente vale 2.
Para calcular la desviación del primer valor, hacemos: 0 − 2 = −2

para hallar la media de los cuadrados de las desviaciones, cada valor de la columna anterior se multiplica por la frecuencia correspondiente

OTRA FORMA DE CALCULAR LA VARIANZA Y LA DESVIACIÓN TÍPICA QUE, EN GENERAL, RESULTA MÁS RÁPIDA

x	f	x^2	$x^2 \cdot f$	
0	2	0	0	media de los cuadrados: $\frac{110}{20} = 5,5$
1	6	1	6	
2	5	4	20	cuadrado de la media: $2^2 = 4$
3	4	9	36	var $(x) = 5,5 - 4 = 1,5$
4	3	16	48	$\sigma_x = \sqrt{1,5} = 1,22$
sumas	20		110	

se eleva cada valor al cuadrado

multiplicamos cada cuadrado por su frecuencia con el fin de calcular la media de dichos cuadrados

VALORES AGRUPADOS EN INTERVALOS

Se ha cronometrado el tiempo en el que veinte jóvenes eran capaces de nadar veinticinco metros. Se ha decidido agrupar los resultados en intervalos de cinco segundos, según vemos en la tabla. Para calcular la media, la varianza y la desviación típica, se toman las marcas de clase como si fueran los valores de la variable.

intervalos	m	f	m · f	m²	m² · f
40 - 45	42,5	2	85	1.806,25	3.612,5
45 - 50	47,5	5	237,5	2.256,25	11.281,25
50 - 55	52,5	6	315	2.756,25	16.537,5
55 - 60	57,5	6	345	3.306,25	19.837,5
60 - 65	62,5	1	62,5	3.906,25	3.906,25
sumas		**20**	**1.045**		**55.175**

Cálculo de la media, la varianza y la desviación típica para un conjunto de valores agrupados en intervalos.

• La media es:

$$\bar{x} = \frac{1.045}{20} = 52,25 \text{ segundos.}$$

• La varianza es:

$$\text{var}(x) = \frac{55.175}{20} - 52,25^2 = 28,69$$

• La desviación típica es:

$$\sigma_x = \sqrt{28,69} = 5,36$$

USO DE LA CALCULADORA

intervalos	f	m
50 - 70	2	60
70 - 90	5	80
90 - 100	14	100
110 - 130	10	120
130 - 150	6	140
150 - 170	2	160
sumas	**39**	

El cálculo de la media y de la desviación típica es bastante laborioso. Tardaremos mucho menos tiempo si disponemos de una calculadora científica. Antes de empezar a trabajar con datos estadísticos tenemos que hacer dos cosas:

• Activar el modo SD.

• Borrar de la memoria los datos con los que hubiéramos estado trabajando anteriormente.

A continuación ya podemos introducir los datos. Supongamos que sean las marcas de clase de la tabla, que corresponden a las superficies en metros cuadrados de treinta y nueve viviendas.

Cuando hayamos finalizado, basta con pulsar la tecla $\bar{x}$ y obtendremos la media. Para hallar la desviación típica, pulsaremos la tecla σ_n.

INTRODUCCIÓN DE DATOS

escribimos el primero

lo multiplicamos por su frecuencia

lo acumulamos pulsando esta tecla

continuamos de la misma manera hasta que hayamos introducido todos

PROBABILIDAD

A Carla le han regalado un juego, llamado "el bombo de la suerte", que contiene diez bolas numeradas del cero al nueve. Carla acostumbra a preguntarse el porqué de las cosas, de manera que, mientras jugaba con el bombo, se le ha ocurrido la pregunta siguiente: ¿qué es más fácil, que salga un número impar o que salga un número mayor que tres? ¿Sabrías contestarla?

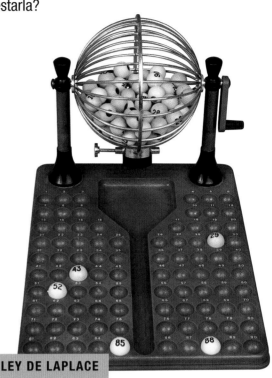

SUCESOS

Cuando se realiza un experimento aleatorio, cada uno de los resultados que pueden obtenerse se llama **suceso elemental**. El conjunto de todos los sucesos elementales se denomina **espacio muestral**. En este caso, el espacio muestral es: $E = \{0, 1, 2, 3, 4, 5, 6, 7, 8, 9\}$. Se dice que un suceso es **compuesto**, cuando está formado por diversos sucesos elementales. Por ejemplo, el suceso I = "obtener un número impar", que es: $I = \{1, 3, 5, 7, 9\}$.

Lanzar un dado para intentar averiguar qué número saldrá es un experimento aleatorio. No lo es, en cambio, soltar un dado e intentar averiguar si se moverá hacia abajo o hacia arriba, ya que dicho movimiento está determinado por la ley de la gravitación universal establecida por Newton.

LEY DE LAPLACE

La ley de Laplace dice que la probabilidad de un suceso es el cociente entre el número de casos favorables y el número de casos totales. Es una manera muy habitual de otorgar probabilidades, aunque no la única. Según esta ley, la probabilidad de obtener en el bombo de Carla un número

impar es: $P(I) = \dfrac{5}{10} = 0,5$. La probabilidad se suele

expresar en tanto por ciento: $P(I) = 50\%$. En cambio, la probabilidad de obtener un número mayor que tres es:

$$P(M) = \dfrac{6}{10} = 0,6 = 60\%.$$

 Decimos que un experimento es **aleatorio**, cuando está regido por el azar. Esto significa que desconocemos a qué leyes físicas está sujeto.

La ley de Laplace sólo puede aplicarse cuando todos los sucesos elementales son equiprobables, es decir, cuando tienen la misma probabilidad. Así, por ejemplo, en el caso de que no dispongamos de ninguna información adicional, la probabilidad de que en un parto nazca una niña es
$P(A) = \dfrac{1}{2} = 0,5 = 50\%$ y la de un niño: $P(B) = \dfrac{1}{2} = 0,5 = 50\%$.

En cambio, si sabemos que en esa población hay 40.000.000 de habitantes, de los que 20.568.000 son mujeres y 19.432.000, hombres, las probabilidades pasan a ser:

$P(A) = \dfrac{20.568.000}{40.000.000} = 0,5142 = 51,42\%$

y $P(B) = \dfrac{19.432.000}{40.000.000} = 0,4858 = 48,58\%$

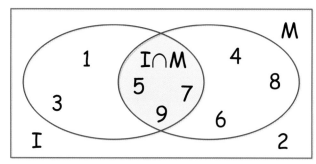

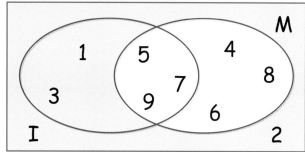

La **intersección** de dos sucesos A y B se representa $A \cap B$. Se verifica si se verifican ambos. En este caso, $I \cap M = \{5, 7, 9\}$.

El suceso **contrario** de un suceso A se representa $\overline{A}$. Se verifica cuando no se verifica A. Así, por ejemplo, $\overline{M} = \{1, 2, 3\}$.

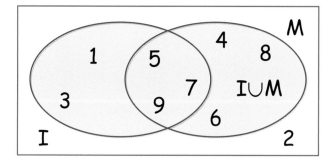

La **unión** de dos sucesos A y B se representa $A \cup B$. Se verifica si se verifica alguno de los dos, es decir el primero, el segundo o ambos. En este caso, $I \cup M = \{1, 3, 4, 5, 6, 7, 8, 9\}$.

DIAGRAMAS

Se ha realizado una encuesta a mil jóvenes de una ciudad. Setecientos dicen que practican algún deporte, seiscientos que van al cine al menos una vez al mes y cuatrocientos que hacen ambas cosas. ¿Cuántos hay que no hagan deporte ni vayan al cine al menos una vez al mes?

Resulta más sencillo contestar a este tipo de preguntas si previamente se dibuja un diagrama. En este caso, podemos emplear un diagrama de Venn o un diagrama de árbol.

DIAGRAMA DE VENN

llamamos P al suceso "Practicar algún deporte" y C al suceso "Ir al cine al menos una vez al mes". Ambos sucesos quedan representados por dos círculos

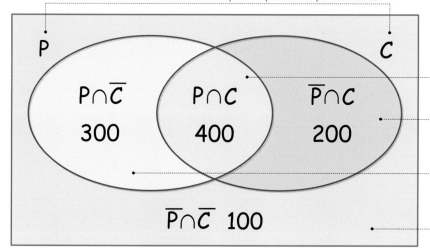

colocamos en la intersección $P \cap C$ a las personas que hacen ambas cosas y que son 400

de forma semejante rellenamos $\overline{P} \cap C$

en $P \cap \overline{C}$ colocamos a los jóvenes que practican algún deporte, pero que van al cine menos de una vez al mes. Son $700 - 400 = 300$

por último, calculamos las personas que forman $\overline{P} \cap \overline{C}$, los que ni hacen deporte ni van al cine. Son $1.000 - (300 + 400 + 200) = 100$

Si extrapolamos los resultados obtenidos en la encuesta a toda la población, y aplicamos la Ley de Laplace, podemos decir que la probabilidad de que un joven de la ciudad elegido al azar no haga deporte ni vaya al cine al menos una vez al mes es: $\frac{100}{1.000} = 0,1 = 10\%$.

DIAGRAMA DE ÁRBOL

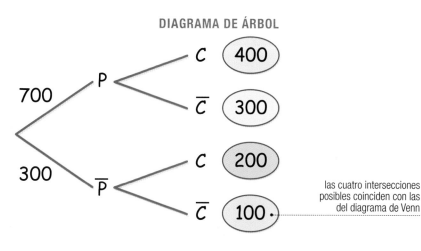

las cuatro intersecciones posibles coinciden con las del diagrama de Venn

PROBABILIDAD CONDICIONADA

Ricardo está realizando un curso de Inglés para extranjeros en Londres. Le han asignado al grupo A en el que el 12 % de los estudiantes son españoles. En el otro grupo, el B, no hay ningún español. Tradicionalmente la escuela sortea una beca entre los estudiantes de la siguiente manera: se elige uno de los dos grupos al azar. Se elige en dicho grupo y también al azar el estudiante al que le saldrá el curso gratis. ¿Sabrías calcular la probabilidad de que resulte elegido el grupo de Ricardo en el primer sorteo?

INFLUENCIAS ENTRE SUCESOS

Si aplicamos la ley de Laplace, la probabilidad de que resulte elegido el grupo de Ricardo es: $P(A) = \dfrac{1}{2} = 50\,\%$. Ahora bien, supongamos que ya se ha realizado el sorteo y que un estudiante nos informa que la afortunada es una española (suceso E). Entonces, la cosa cambia mucho, ya que en el grupo B no hay españoles. Por tanto: $P(B/E) = 0$; $P(A/E) = 1$.

INDEPENDENCIA ENTRE SUCESOS

Hemos visto que la probabilidad $P(A) = 50\,\%$, no es la misma que la de $P(A/E) = 100\,\%$. Esto significa que el hecho de saber que se ha verificado E, influye en la probabilidad de A. En estos casos, decimos que A y E son sucesos **dependientes**. En cambio, si $P(A) = P(A/E)$, se dice que son **independientes**.

La expresión $P(A/E)$ se lee: "probabilidad de A, condicionada a E" y significa la probabilidad de que suceda A, sabiendo seguro que E ya ha sucedido.

Observa que si hubiera el mismo porcentaje de españoles en los dos grupos, el hecho de saber que la persona agraciada es española, no modificaría la probabilidad de A, que seguiría siendo del 50 %. En ese caso, los sucesos A y E serían independientes.

REALIZACIÓN DE UN DIAGRAMA DE VENN

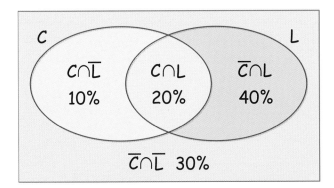

C | L

$C \cap \overline{L}$
10%

$C \cap L$
20%

$\overline{C} \cap L$
40%

$\overline{C} \cap \overline{L}$ 30%

Sabemos que el 30 % de los párvulos de un país come en el colegio más de tres días a la semana, que al 60 % le gustan las lentejas y que al 20 % le suceden ambas cosas: come en el colegio y le gustan las lentejas. ¿Podemos afirmar que el hecho de que a un estudiante le gusten o no las lentejas es independiente de que coma o no en el colegio?

Si llamamos C al suceso "Come en el colegio" y L al suceso "Le gustan las lentejas", podemos calcular la probabilidad de las siguientes intersecciones, utilizando un diagrama de Venn:

- Probabilidad de que un niño coma en el colegio y no le gusten las lentejas: $P(C \cap \overline{L}) = 30\% - 20\% = 10\%$.

- Probabilidad de que un niño no coma en el colegio, pero le gusten las lentejas: $P(\overline{C} \cap L) = 60\% - 20\% = 40\%$.

- Probabilidad de que un niño ni coma en el colegio ni le gusten las lentejas: $P(\overline{C} \cap \overline{L}) = 100\% - (20\% + 10\% + 40\%) = 30\%$.

TABLAS DE DOBLE ENTRADA

Resulta sencillo trasladar los datos de un diagrama de Venn a una tabla de doble entrada.

Para estudiar si L y C son independientes, tenemos que hallar $P(L/C)$. Utilicemos para ello la tabla de doble entrada. Se trata de calcular la probabilidad de que le gusten las lentejas, sabiendo que come en el colegio. Por tanto, C se verifica seguro. Esto equivale a considerar como total el de la columna C, es decir, el 30 %, en lugar del 100 %:

$$P(L/C) = \frac{20}{30} = 0,6667 = 66,67\%.$$

En general, podemos afirmar que:
$$P(L/C) = \frac{P(L \cap C)}{P(C)}$$

Como, por otra parte, sabemos que $P(L) = 60\%$, tenemos que concluir que es más probable que le gusten las lentejas a un niño que come en el colegio y, por consiguiente, que L y C son sucesos dependientes.

TABLA DE DOBLE ENTRADA

este total corresponde al suceso L y es la suma de la probabilidad de dos intersecciones: $P(C \cap L)$ y $P(\overline{C} \cap L)$

este dato corresponde a la probabilidad de $C \cap L$

	C	$\overline{C}$	total
L	20 %	40 %	60 %
$\overline{L}$	10 %	30 %	40 %
total	30 %	70 %	100 %

este dato corresponde a la probabilidad de $C \cap \overline{L}$

este total corresponde al suceso $\overline{C}$, y es la suma de la probabilidad de dos intersecciones: $P(\overline{C} \cap L)$ y $P(\overline{C} \cap \overline{L})$

EL MODELO BINOMIAL

En un país, las mujeres representan el 49% de la población y los hombres, el 51%. Una pareja de esa nacionalidad tiene tres hijos. ¿Sabrías calcular la probabilidad de que tengan dos niñas y un niño?

UTILIZACIÓN DEL MODELO BINOMIAL

El modelo binomial permite resolver una gran variedad de problemas de probabilidad. Todos ellos tienen una cosa en común: consisten en un experimento aleatorio que se repite cierto número de veces de tal forma que, en cada repetición, sólo pueden obtenerse dos resultados: un suceso o su opuesto y las probabilidades de cada uno de ellos no varían.

En el ejemplo la experiencia que se repite tres veces es la de tener un hijo y en cada parto sólo pueden ocurrir dos cosas:

el suceso A = "Tener una niña" o
el suceso $\overline{A}$ = "Tener un niño".

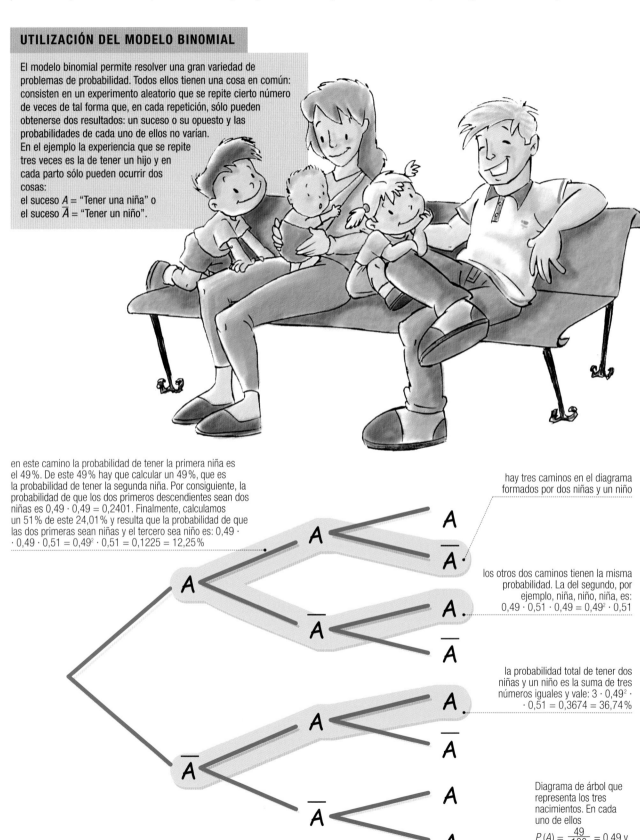

en este camino la probabilidad de tener la primera niña es el 49%. De este 49% hay que calcular un 49%, que es la probabilidad de tener la segunda niña. Por consiguiente, la probabilidad de que los dos primeros descendientes sean dos niñas es $0,49 \cdot 0,49 = 0,2401$. Finalmente, calculamos un 51% de este 24,01% y resulta que la probabilidad de que las dos primeras sean niñas y el tercero sea niño es: $0,49 \cdot 0,49 \cdot 0,51 = 0,49^2 \cdot 0,51 = 0,1225 = 12,25\%$

hay tres caminos en el diagrama formados por dos niñas y un niño

los otros dos caminos tienen la misma probabilidad. La del segundo, por ejemplo, niña, niño, niña, es: $0,49 \cdot 0,51 \cdot 0,49 = 0,49^2 \cdot 0,51$

la probabilidad total de tener dos niñas y un niño es la suma de tres números iguales y vale: $3 \cdot 0,49^2 \cdot 0,51 = 0,3674 = 36,74\%$

Diagrama de árbol que representa los tres nacimientos. En cada uno de ellos
$P(A) = \dfrac{49}{100} = 0,49$ y
$P(\overline{A}) = 0,51$

NÚMEROS COMBINATORIOS

Cuando tengamos que contar el número de caminos posibles con el fin de resolver un problema aplicando el modelo binomial, la tarea puede llevarnos demasiado tiempo. En estas situaciones resulta muy útil utilizar los números combinatorios. Así por ejemplo, el número combinatorio $\binom{3}{2}$ se lee *tres sobre dos* y vale tres, ya que representa, en nuestro caso, las maneras posibles de tener dos niñas en tres nacimientos.

Triángulo de Tartaglia con los números combinatorios correspondientes.

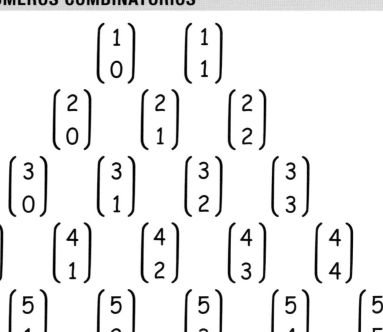

$$\binom{1}{0} \quad \binom{1}{1}$$

$$\binom{2}{0} \quad \binom{2}{1} \quad \binom{2}{2}$$

$$\binom{3}{0} \quad \binom{3}{1} \quad \binom{3}{2} \quad \binom{3}{3}$$

$$\binom{4}{0} \quad \binom{4}{1} \quad \binom{4}{2} \quad \binom{4}{3} \quad \binom{4}{4}$$

$$\binom{5}{0} \quad \binom{5}{1} \quad \binom{5}{2} \quad \binom{5}{3} \quad \binom{5}{4} \quad \binom{5}{5}$$

el numerador contiene también cinco factores. En general tantos como hayamos puesto en el denominador. Se empieza en este número y se va bajando cada vez una unidad.

Todo número combinatorio sobre cero vale uno:
$\binom{1}{0} = 1$, $\binom{2}{0} = 1$, $\binom{3}{0} = 1$, $\binom{4}{0} = 1$...

$$\binom{7}{5} = \frac{7 \cdot 6 \cdot 5 \cdot 4 \cdot 3}{5 \cdot 4 \cdot 3 \cdot 2 \cdot 1} = 21$$

El valor de un número combinatorio es el resultado de efectuar una fracción.

el denominador se obtiene multiplicando en este caso cinco factores. Se comienza en este número y se baja cada vez una unidad hasta llegar al uno

Para construir el **triángulo de Tartaglia**, se comienza con una fila formada por dos unos. En la segunda fila se ponen dos unos más y en el centro un dos, que es la suma de los dos números situados encima de él. Las filas sucesivas comienzan y acaban con un uno. El resto de los números que las integran se obtienen sumando los dos que están colocados encima.

esta fila corresponde a tres nacimientos

```
        1   1
      1   2   1
    1   3   3   1
  1   4   6   4   1
1   5   10  10  5   1
```

El número de caminos posibles para una determinada combinación de niños y niñas también se puede calcular mediante el triángulo de Tartaglia.

LA CAMPANA DE GAUSS

La media de pasajeros en el vuelo diario que realiza una compañía aérea entre dos ciudades es 135 con una desviación típica de 20 pasajeros. Si la compañía emplea para dicho trayecto un avión con 150 plazas, ¿cuál es la probabilidad de que un día cualquiera tenga que quedarse gente en tierra por falta de plazas?

LA DISTRIBUCIÓN NORMAL

Para resolver este tipo de problemas Gauss planteó una función exponencial cuya gráfica tiene forma de campana y demostró que la probabilidad de que la variable aleatoria tome un valor menor que uno dado, coincide con el área situada bajo la gráfica y a la izquierda de dicho valor. En nuestro caso, si llamamos X al número de pasajeros, podemos escribir así la probabilidad de que no se quede nadie en tierra: $P(X \leq 150)$.

La gran mayoría de las variables estadísticas se ajustan muy bien al modelo de Gauss. Por esta razón, se dice que dichas variables se distribuyen normalmente o bien que siguen una **distribución normal**.

LA NORMAL ESTÁNDAR

La forma de la campana de Gauss es diferente en cada caso, ya que depende de la media y de la desviación típica. Para reducir cualquier problema a una única gráfica, se resta la media y se divide el resultado por la desviación típica, obteniéndose así la distribución normal estándar que tiene media cero y desviación típica uno: $P(X \leq 150) = P\left(Z \leq \dfrac{150 - 135}{20}\right) = P(Z \leq 0,75)$.

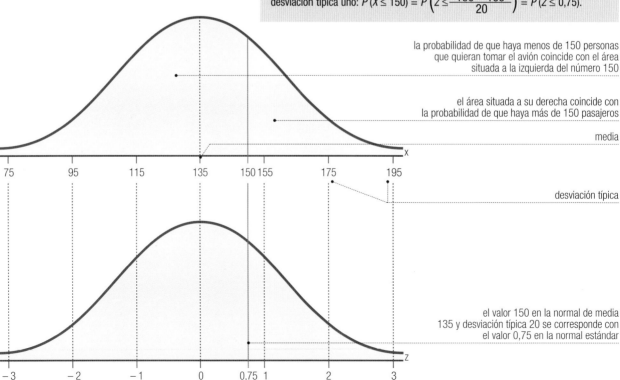

la probabilidad de que haya menos de 150 personas que quieran tomar el avión coincide con el área situada a la izquierda del número 150

el área situada a su derecha coincide con la probabilidad de que haya más de 150 pasajeros

media

desviación típica

el valor 150 en la normal de media 135 y desviación típica 20 se corresponde con el valor 0,75 en la normal estándar

Introducción

La magia de
los números

Números
naturales

Números
enteros

Números
racionales

Números
reales

El sistema
métrico

Ecuaciones

La regla
de tres

Funciones

Geometría

Trigonometría

Estadística

Probabilidad

Retos de la
matemática

Índice
alfabético
de materias

LAS TABLAS DE LA DISTRIBUCIÓN NORMAL ÉSTANDAR

El área comprendida entre la gráfica de
la función normal estándar, el eje de
abscisas y el valor correspondiente de la
variable, está ya calculado y los
resultados figuran en unas tablas de
valores que podemos consultar.

el número 0,75 se busca en las tablas de
la siguiente manera: en primer lugar
encontramos la fila correspondiente a 0,7

buscamos la columna de las centésimas,
en nuestro caso 0,05

en la intersección de ambas encontramos la
probabilidad: 0,7734 = 77,34 %. El número
hallado corresponde a la probabilidad de que no
quede nadie en tierra. Como nos piden
la contraria, hacemos lo siguiente: $P(X > 150) =$
$= 1 - P(X \le 150) = 1 - 0,7734 = 0,2266 = 22,66\%$

t	0	1	2	3	4	5	6
0.0	.5000	.5040	.5080	.5120	.5160	.5199	.5239
0.1	.5398	.5438	.5478	.5517	.5557	.5596	.5639
0.2	.5793	.5832	.5871	.5910	.5948	.5987	.5062
0.3	.6179	.6217	.6255	.6293	.6331	.6368	.6406
0.4	.6554	.6591	.6628	.6664	.6700	.6736	.6772
0.5	.6915	.6950	.6985	.7019	.7054	.7088	.7123
0.6	.7257	.7291	.7324	.7357	.7389	.7422	.7454
0.7	.7580	.7611	.7642	.7673	.7704	.7734	.7764
0.8	.7881	.7910	.7939	.7967	.7995	.8023	.8051
0.9	.8159	.8186	.8212	.8238	.8264	.8289	.8315

t	0	1	2	3	4	5
0.0	.5000	.5040	.5080	.5120	.5160	.5199
0.1	.5398	.5438	.5478	.5517	.5557	.5596
0.2	.5793	.5832	.5871	.5910	.5948	.5987
0.3	.6179	.6217	.6255	.6293	.6331	.6368
0.4	.6554	.6591	.6628	.6664	.6700	.6736
0.5	.6915	.6950	.6985	.7019	.7054	.7088
0.6	.7257	.7291	.7324	.7357	.7389	.7422
0.7	.7580	.7611	.7642	.7673	.7704	.7734
0.8	.7881	.7910	.7939	.7967	.7995	.8023
0.9	.8159	.8186	.8212	.8238	.8264	.8289
1.0	.8413	.8438	.8461	.8485	.8508	.8531
1.1	.9643	.8665	.8686	.8706	.8729	.8749
1.2	.8849	.8869	.8888	.8907	.8925	.8944
1.3	.9032	.9042	.9066	.9082	.9099	.9115
1.4	.9192	.9207	.9222	.9236	.9251	.9265
1.5	.9332	.9345	.9357	.9370	.9382	.9394
1.6	.9452	.9463	.9474	.9484	.9495	.9505
1.7	.9554	.9564	.9573	.9582	.9591	.9599

EL PROBLEMA INVERSO

Supongamos que en unas pruebas a las que se
presentan dos mil personas hay ciento una plazas.
Sabiendo que en las pruebas realizadas las notas
se distribuyen normalmente y que la nota media
obtenida por los concursantes ha sido 4,5 puntos
con una desviación típica de 1,5 puntos, ¿qué nota
mínima hay que exigir para obtener plaza?

Para contestar a la pregunta comencemos llamando X a la nota
obtenida. Calculemos el porcentaje de aprobados:
$\frac{101}{2.000} = 0,0505 = 5,05\%$. El resto, que es: $1 - 0,0505 =$
$= 0,9495 = 94,95\%$, no obtendrá plaza.

buscamos en las tablas el número 0,9495 y
procedemos de forma inversa a como habíamos
hecho antes, es decir, nos desplazamos hacia la
izquierda para encontrar el número 1,6

nos movemos hacia arriba para hallar el número 0,04. El valor
obtenido es pues 1,64. Finalmente hallamos el valor
correspondiente en la normal de media 4,5 y desviación típica
1,5 mediante la expresión: $1,64 = \frac{X - 4,5}{1,5}$

obtenemos $X = 6,96$, que es la nota mínima que se debe exigir

AJUSTE DE LA BINOMIAL MEDIANTE LA NORMAL

Supongamos que en unas elecciones resultó ganador el Partido Demócrata con el 52 % de los votos emitidos y que queremos calcular la probabilidad de que una encuesta efectuada a mil personas a la salida de las urnas fallara en sus previsiones por no dar ganador a dicho partido. Si llamamos X_B al número de personas que contestaron que habían votado al partido ganador, dicha variable aleatoria se distribuirá aproximadamente según una binomial $B(1.000; 0,52)$, ya que repetimos mil veces una pregunta a la que sólo se pueden contestar dos cosas "he votado al Partido Demócrata" con una probabilidad del 52 % y "he votado cualquier otra cosa" con una probabilidad del 48 %.

La encuesta habría fallado si menos de la mitad de los encuestados hubieran manifestado que habían votado al Partido Demócrata. La probabilidad de fallo en la predicción es, por tanto, la siguiente:

$$P(X_B < 500) = P(X_B = 0) + P(X_B = 1) + \ldots + P(X_B = 499)$$

Este calculo de probabilidades resulta extremadamente complicado, tanto por el número de sumandos que hay que efectuar, como por los números combinatorios que habría que calcular. Por este motivo, lo que se hace es ajustar la binomial mediante una normal.

CONDICIONES DE AJUSTE

Las probabilidades de una distribución binomial se pueden calcular aproximadamente mediante una distribución normal siempre que se cumplan dos condiciones:

1. Tanto p, como $1 - p$ tienen que ser números comprendidos entre 0,1 y 0,9. En nuestro caso tanto 0,52, como 0,48 lo están.

2. Ni $n \cdot p$, ni $n \cdot (1 - p)$ pueden ser inferiores a cinco. En el ejemplo que nos ocupa tanto $1.000 \cdot 0,52 = 520$, como $1.000 \cdot 0,48 = 480$ son mayores que cinco.

Decimos que la variable X_B se distribuye aproximadamente siguiendo una distribución binomial, porque, si suponemos que hubo veinte millones de votantes, por ejemplo,

$$\frac{52}{100} \cdot 20.000.000 = 10.400.000 \text{ personas}$$

habrían votado al Partido Demócrata. Entonces, la probabilidad de que el primer encuestado hubiera votado a los demócratas es, en efecto:

$$P(A_1) = \frac{10.400.000}{20.000.000} = 0,52 =$$

= 52 %. En cambio, en el momento de dirigirnos al segundo encuestado, ya sólo quedarían 10.399.999 partidarios de los demócratas de un total de 19.999.999 votantes. Por tanto:

$$P(A_2) = \frac{10.399.998}{19.999.999} = 0,519999976 =$$

= 51,9999976 %. De la misma forma,

$$P(A_3) = \frac{10.399.998}{19.999.998} = 0,519999951 =$$

= 51,9999951 % ... , y así sucesivamente. Como las diferencias son casi inapreciables, suponemos que el porcentaje se mantiene constante en un 52 % y que se trata de una binomial.

Podemos, por tanto, calcular la probabilidad de que la encuesta falle utilizando una distribución que tenga la misma media y la misma desviación típica: $N(520; 15,80)$. Ahora bien la variable X_B sólo puede tomar valores enteros, mientras que la variable X_N puede tomar valores decimales. Por consiguiente la probabilidad de la binomial:

$$P(X_B < 500) = P(X_B = 0) + P(X_B = 1) + \ldots + P(X_B = 499)$$

la ajustaremos a la probabilidad de la normal $P(X_N < 499,5)$ puesto que, si una cantidad decimal está comprendida entre 499,5 y 500,5, la aproximaremos al número entero 500.

La probabilidad de que falle la encuesta es pues:

$$P(X_B < 500) = P(X_N < 499,5) = P\left(z < \frac{499,5 - 520}{15,80}\right) = P(z < -1,30) =$$
$$= 0,0968 = 9,68\%$$

Esto significa que, de cada cien veces que hiciéramos una encuesta en esas mismas condiciones, menos de diez veces fallaría. No es, por tanto, imposible que la encuesta pueda fallar, pero es poco probable. Si de hecho ha fallado, podríamos pensar que la muestra no ha sido elegida convenientemente, ya que no resulta representativa de toda la población, o dicho de otra manera, que en la muestra elegida no se mantienen las proporciones de voto que se observan en el total de la población.

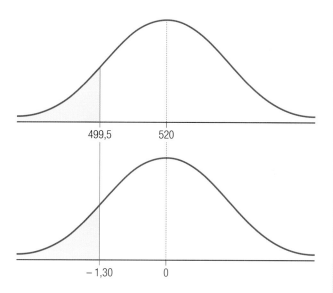

t	0	1
− 3	.0013	
− 2.9	.0019	.0018
− 2.8	.0026	.0025
− 2.7	.0035	.0034
− 2.6	.0047	.0045
− 2.5	.0062	.0060
− 2.4	.0082	.0080
− 2.3	.0107	.0104
− 2.2	.0139	.0136
− 2.1	.0179	.0174
− 2.0	.0227	.0222
− 1.9	.0287	.0281
− 1.8	.0359	.0351
− 1.7	.0446	.0436
− 1.6	.0548	.0537
− 1.5	.0668	.0655
− 1.4	.0808	.0793
− 1.3	.0968	.0951
− 1.2	.1151	.1131

La desviación típica de una binomial se calcula mediante la expresión

$$\sigma = \sqrt{n \cdot p \cdot (1 - p)}$$

En el ejemplo con el que estamos trabajando:

$$\sigma = \sqrt{1.000 \cdot 0,52 \cdot 0,48} \approx 15,80.$$

ERROR DEL AJUSTE

Cuando se cumplen las condiciones de ajuste, el error que se comete al sustituir una binomial por su normal correspondiente es muy pequeño. En nuestro caso, si hubiéramos empleado una distribución binomial para calcular la probabilidad de que la encuesta falle, el resultado habría sido 0,0973 = 9,73 %, en lugar del 0,0968 = 9,68 % obtenido utilizando la distribución normal. La diferencia, cinco diezmilésimas, es suficientemente inapreciable, como para que no valga la pena realizar los penosos cálculos necesarios para poder aplicar a este problema la distribución binomial.

La media de una binomial se calcula mediante la expresión: $\mu = n \cdot p$. En nuestro caso $\mu = 520$.

NUEVOS RETOS DE LA MATEMÁTICA ACTUAL

En las últimas décadas del siglo XX se abrieron nuevos campos a la investigación matemática. Entre ellos destacan tres que han representado una cierta ruptura con la matemática tradicional: la lógica borrosa, la geometría fractal y la teoría del caos. Estas nuevas disciplinas matemáticas se aplican con éxito a fenómenos que, por su complejidad, los matemáticos no habían sido antes capaces de abordar.

LA LÓGICA BORROSA

La lógica matemática tradicional se basa en proposiciones que sólo pueden ser evaluadas de dos maneras: como verdaderas o como falsas. Por este motivo se conoce con el nombre de **lógica binaria**. Este tipo de lógica ha sido muy útil en la programación de máquinas inteligentes basadas en dos estados, como, los ordenadores digitales. El cerebro humano, sin embargo, se caracteriza porque puede trabajar con proposiciones en las que intervienen cuantificadores difusos, tales como "poco", "mucho", "bastante", "seguramente", etc. Así decimos: "Pedro es bastante alto" o "Es probable que mañana llueva". La **lógica borrosa** intenta trabajar con este tipo de proposiciones.

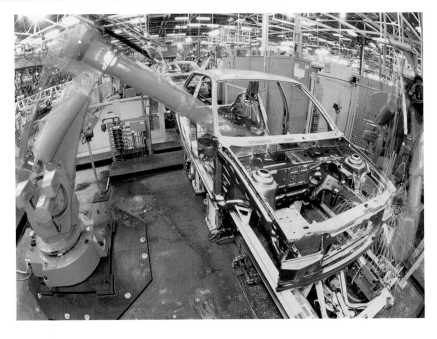

La lógica borrosa se aplica en inteligencia artificial, una rama científica que intenta diseñar y programar máquinas capaces de imitar las habilidades humanas.

En el futuro, los robots también podrán aplicar criterios más sutiles que el que les proporciona la lógica binaria.

FUNCIONES DEFINIDAS POR TROZOS

Supongamos que queremos evaluar la calidad del equipo de balonvolea de nuestra ciudad. Empleando lógica binaria sólo podríamos decir que es bueno, en cuyo caso le asociaríamos el valor uno, o malo, en cuyo caso le asociaríamos el valor cero. En cambio, si utilizamos lógica borrosa, podemos obtener toda una gama de calidades, dependiendo del número de puntos conseguidos por nuestro equipo en la liga, al que llamaremos x, mediante la siguiente función definida por trozos:

$$f(x) = \begin{cases} 0 & si \ x \leq 30 \\ \dfrac{x-30}{5} & si \ 30 < x < 35 \\ 1 & si \ x \geq 35 \end{cases}$$

Así, si ha logrado menos de treinta puntos, la función calidad valdrá cero y diremos que es malo; si ha obtenido treinta y cinco o más, la función valdrá uno y diremos que es bueno y si, por ejemplo, ha logrado treinta y tres, podremos decir que es bastante bueno con una calidad del 60 %, ya que:

$$\frac{33-30}{5} = 0,6 = 60\%.$$

GEOMETRÍA FRACTAL

La geometría tradicional no puede aplicarse a formas geométricas altamente irregulares, como la forma de una costa. La geometría fractal resulta muy útil en estos casos. Un **fractal** es una figura geométrica compleja que se obtiene por repetición de un motivo inicial sencillo, pudiéndose aplicar en cada repetición una transformación geométrica, bien sea una traslación, un giro, una simetría, una homotecia, etc.

Las curvas fractales de Von Koch son una muy buena aproximación del litoral de una costa.

La geometría fractal ha encontrado aplicación en el mundo del arte. Hokusai, *La ola y el Monte Fuji visto entre olas* (Museo Británico, Londres).

El estudio matemático de la meteorología resulta extremadamente difícil. La teoría del caos permite abordar cada vez mejor estos problemas.

LA TEORÍA DEL CAOS

Algunos fenómenos son tan complejos que resulta muy difícil abordarlos mediante métodos matemáticos convencionales. ¿Cómo estudiar, por ejemplo, la posición de las partículas después de una explosión? ¿Cómo abordar matemáticamente la predicción meteorológica? En este tipo de fenómenos interviene un número de variables tan elevado, que su resolución mediante los tradicionales sistemas de ecuaciones resulta imposible en la práctica.

La **teoría del caos** intenta dar respuesta a estos problemas y encuentra aplicación en el estudio de una gran variedad de fenómenos caóticos o de comportamiento imprevisible. Su herramienta principal es la **iteración**. A grandes rasgos, consiste en partir de un valor inicial x_0 que se sustituye en la fórmula de una función, obteniéndose otro valor x_1. Este nuevo valor se sustituye a su vez en la función, obteniéndose otra cantidad x_2, y así sucesivamente.

Las partículas tras una explosión adquieren un comportamiento caótico.

La magia de
los números

Números
naturales

Números
enteros

Números
racionales

Números
reales

El sistema
métrico

Ecuaciones

La regla
de tres

Funciones

Geometría

Trigonometría

Estadística

Probabilidad

Retos de la
matemática

**Índice
alfabético
de materias**